大学新生

赢在起跑线上

（第二版）

主　编：常　桦　　龚　萍

副主编：文华丽　　高锡文

编　委：唐可满　　聂　勇　　薛雄洲　　李灵芝　　李　静
　　　　郭宸妤　　郭锦曦　　霍嘉欣　　樊泓伽　　孔令棋
　　　　刘笑薇　　朱英杭　　冯映松　　杨　银

中国财富出版社有限公司

图书在版编目（CIP）数据

大学新生：赢在起跑线上 / 常桦，龚萍主编. — 2 版. — 北京：中国财富出版社有限公司，2023.5

ISBN 978-7-5047-7941-0

Ⅰ. ①大… Ⅱ. ①常… ②龚… Ⅲ. ①大学生一入学教育 Ⅳ. ①G645.5

中国国家版本馆 CIP 数据核字(2023)第 097347 号

策划编辑 杜　亮　　**责任编辑** 张红燕 张　静　　**版权编辑** 李　洋
责任印制 梁　凡　　**责任校对** 卓闪闪　　**责任发行** 董　倩

出版发行 中国财富出版社有限公司
地　　址 北京市丰台区南四环西路 188 号 5 区 20 楼　　**邮政编码** 100070
电　　话 010-52227588 转 2098（发行部）　　010-52227588 转 321（总编室）
　　　　010-52227566（24 小时读者服务）　　010-52227588 转 305（质检部）
网　　址 http://www.cfpress.com.cn　　**排　　版** 北京讯邮文化发展有限责任公司
经　　销 新华书店　　**印　　刷** 湖北画中画印刷有限公司
书　　号 ISBN 978-7-5047-7941-0/G·0789
开　　本 710mm×1000mm 1/16　　**版　　次** 2023 年 5 月第 1 版
印　　张 14　　**印　　次** 2023 年 5 月第 1 次印刷
字　　数 175 千字　　**定　　价** 36.00 元

序

何谓“大学”？蔡元培先生认为，“大学者，研究高深学问者也”“大学者，囊括大典，网罗众家之学府也”；梅贻琦先生认为，“所谓大学者，非谓有大楼之谓也，有大师之谓也”。如今，大学已不仅仅是教书育人与传承人类文明的场所，而且是知识生产的主力军，是决策咨询、信息传播、国际交流中的重要力量。

大学是智慧的象征，是精神的家园，是令人向往的圣地。同学们从高中走进大学，就如同船舶沿着江河驶进了大海。“海阔凭鱼跃，天高任鸟飞”，在大学的知识海洋里，同学们可以尽情地遨游，充分地展示自己的聪明才智。大学是一个舞台，给同学们展示自我的机会；大学是一面镜子，让同学们认识自己；大学是一个超市，让同学们各取所需；大学是一座富矿，等待同学们去开采……

大学给人以知识。在大学里，同学们能开阔视野，提高文化修养，为今后从事专业技术工作储备丰富的专业知识，打下扎实的理论基础。一个人在大学阶段所受到的综合教育和训练将使其终生受益。

大学能够培养同学们各方面的能力。大学教会同学们观察世界、认识世界的方法，为进入社会做好准备。

在大学里，同学们还能收获友谊和爱情。回忆大学生活，人们最难忘的往往是室友、学友、球友、书友。同学之间的友谊将成为人生的宝贵财富。大学还是英俊才子、窈窕淑女聚集的地方。青年男女在一起学习和生活，容易迸发出爱的火花。同学们在学习之余，也许还能收获一份纯真的爱情。

大学能给人很多很多，希望每一位大学新生都充分地认识到大学的价值，充分地汲取大学中的养分，获得自己所需的专业知识和技能。

任何一位即将或刚刚开始大学生活的新生，在感受向往已久的象牙塔生活时，内心又不免有些许忐忑：到底该怎样开始自己的大学生活呢？

作为过来人，我们也曾哭过、笑过、苦闷过、彷徨过、兴奋过、感动过，我们了解作为大学新生的你的喜怒哀乐，了解你的困惑和需要。书中写的很多事都是我们亲身经历过的，你读了一定会有十足的亲切感和真实感。

谨以此书作为我们为即将开始大学生活的你献上的一份礼物，衷心希望你能够喜欢！

编者

2023 年 2 月

1 第一章 大学的同与不同

第二章 好好学习永远不会错

2

3 第三章 学习外的成长

第四章 为谁欢喜为谁愁

4

第五章 生活如此多娇

5

第六章 关于未来的多样选择 6

7 附：漫画 精彩的大学生活

第一章
大学的同与不同

无论是抱着高考失利的遗憾，还是怀揣超常发挥的喜悦，从你拿着录取通知书到校报到的那一刻起，你就是一名大学生了。大学之前的经历都已成为过去，你将迎来崭新的生活。大学生活与你之前经历的学生生活有着很大的不同，你得了解这些不同，并学会适应。

一、真的很不一样

大学是每个学子心目中的“象牙塔”。有人把大学想象成阳光明媚、鸟语花香、人才济济、高手如云的“天堂”，也有人把大学想象成愁云密布、风刀霜剑、学费难筹、考试不断的“炼狱”。但事实是，大学既不是“天堂”，也不是“炼狱”，大学生活是一段你需要经历的人生历程。

这段历程里，有许多场景和规则是你不曾感受过的……

1. 不一样的校园

各个高校的校园面积存在很大差异。有些学校小得只有一栋教学楼、一栋宿舍楼，甚至没有操场和图书馆，可能还比不上你曾经就读的高中。有些学校的面积则大得惊人，清华大学、上海交通大学的学生甚至是靠校园公交出行的。学校小意味着你可以轻松玩转校园，学校大熟悉起来就相对困难，而且说不定从宿舍到教学楼的路程就要花费你半个小时之久，有早八（早上八点上第一节课，似乎是多数大学的时间）的话你就需要起得更早。

大学的班级没有固定的教室，更不能奢望每个学生能拥有自己固定的座位，不同的课程可能会被安排在不同的教室。一般来说，一所高校里都会有好几栋公共教学楼，还有一些学院有自己专门的教学行政一体楼。这种情况下，提前看好课表，关注课表中每节课的上课地点显得至关重要。当你卡着点跑进教室，然后发现找错了组织，那尴尬不言而喻。自习室一般在公共教学楼、学院楼或者图书馆，平时的开放时间和周末、节假日的开放时间不尽相同，需要自习的话得事先了解各个自习室于哪个时间段开放。我们上大学的时候，到了期末，图书馆和自习室的占座大战是在所难免的，各种占座手段可以形成一本攻略手册。现在的你很幸福，信息时代了，很多学校都实现了数字化管理自习室、图书馆，可以线上预约。你只需要关注一下自己学校的预约通道和流程就好。

因为没有固定的教室，大学里班级的概念也比高中时略有模糊。一般来说，大学的班级还是有班主任的，但平时基本见不着；辅导员会变成与你距离最近的老师，某种程度上关心着你的校园适应情况和思想成长，为你琐碎的校园生活提供必要的帮助；你的专业课老师有可能直到你毕业都不知道你叫什么名字，因为他从来都是上课时来，下课就走……同学们从四面八方相聚到这里，可能有着不同的口音、饮食习惯、穿衣风格，甚至不同的民族信仰。放学了转个街角就到同学家去玩一会儿这样的事是不太容易实现了。和你在一个教室上课的，并不一定是你的同班同学。在不同的专业课程或选修课程里，都可能出现混班上课，甚至跨院系上课的情况。光是从来自五湖四海的同学那里，你可能就会发现，世界原来并不都是我们见到或者我们以为的那个样子。

2. 不一样的学习

高中时，你想不学习真的太难了。课堂上任课老师的双眼就像扫描仪，不仅关注你有没有看着黑板，连你大脑有没有分神都了如指掌；班主任经常在教室后面的窗口窥探，你在桌下的小动作尽收眼底；每次月考，因为粗心丢了几分都可能被老师拎到办公室做半天的试卷分析……到了大学，这些让你“担惊受怕”的场景都不复存在，就算你想再感受一下，可能也没有机会了。

在之前的基础教育过程中，你的任务是学会基本的知识，同时学会如何学习以及如何管理自己的学习，这是大学学习的前提。大学里，学校除了给你一张课表，期末对你进行考核，其他时间基本不管你。上课时，责任心强的老师可能会想尽办法签到点名，确保大多数学生是在课堂上的，但老师需要这样做，也反向说明了大学课堂的随意性。如果老师比较佛系，本着佛度有缘人的原则和信念，那可能你一学期没上课，也没人知道。

坐在课堂上是一回事，坐在课堂上干什么是另一回事。认真听课或是刷手机、发呆放空都是你自己的选择，别人极少干涉，即便干涉，力度也极其有限。大学的教材通常都不薄，信息容量大，一般的课程安排一周一节，多一点的一周两节，老师一节课的教学内容可能就是一两章。你觉得自己只是打了个盹儿，老师已经讲到了10页以后。

这样的自由可能让从多年高压学习状态下过来的你先是难以置信，而后欢呼雀跃。别高兴太早，稍不注意，过程有多轻松，到期末考试时就有多崩溃。大学依然是要考核的，这个考核一般是期末考试和平时考核相结合。每门课的任课老师会按照学校、课程的要求，结合自己的个人风格，设计当前科目的考核方式，比如期末考试形式、题型、内容。平时考核包含考勤、个人作业、团队作业、课堂讨论、各种自由形式的期中考试等。不管怎么学，通过考核是底线，如果连这都做不到，你将有不能正常毕业的风险，这大学算是白上了。

3. 不一样的生活

除了学习，你还将获得生活上的“自由”：没有了来自妈妈的碎碎念，在食堂吃饭你爱吃啥吃啥、爱吃多少吃多少，穿不穿秋裤你自己说了算。当然，也不再有人跟在屁股后面收拾你换下的脏衣服。如果你自己没有意识及时清洗，拉开衣柜的那一刻你可能会无比惆怅。许多类似“穿过的臭袜子，翻个面再继续穿”的梗，在大学校园里真实而普遍。

如果你是在省外上学，以前一周或一个月就可以回一次的家，现在大概率变成一学期，甚至一年，你才能回去一次。不要跟我说你早就期盼没人管的日子了，现实一点，你想要的只是精神上的自由，不被盯梢和念叨的清静，并非不希望生活上被照顾、衣食无忧，不是吗？有所得必有所失，大学生活给了你耳根子清静的同时，要求你得勤快起来。

二、还有一些，从未变过

1. 学习依旧是第一要务

如果你的父母曾这样鼓励你：“孩子加油，咱考上大学就轻松了”，并且你还正好当真了，那你进入大学后可就要失望了。学习依然是大学生活的主旋律，不仅重要，也并不如想象的轻松容易。我们从小学到中学，一步步努力竞争，为的是让自己进入一所心仪的高校，获得更好的学习平台和资源，在这里开始专业学习。没错，从某种程度上说，进入大学，一切才刚刚开始。

所以，不管你对大学充满了什么样的想象和憧憬，学习都是你的第一要务。不同的是脱离了高压下的被动学习，我们可以在主动、自主的学习过程中，感受到认知提升带给我们的成就和意义，真正地开始掌控我们的学习，享受学习的过程，开启我们的终身学习之旅。即便你还没有幸运地体会到学习和进步给你带来的乐趣，毕竟这么多年，学习带给你更多的可能是压力，你甚至并不知道为了什么而学，但既然已经来到大学，在你没有更明确的方向和别的选择之前，请做到认真对待你的学习。人生和梦想可以继续思考，曾经的伤痛可以慢慢抚平，好好学习，做好当下的事总是没错的。

2. 品格决定成就

无论过去、现在还是未来，成就最终都由品格决定。品格，包含意志品质、情绪调控能力、抗挫折能力，也包含自信、自控、自律。任何人在任何时候的生活、学习都不可能是毫无波澜的。当我们面对机会、面对困难、面对挑战时，考验的是我们的智力，更是我们的品格，是我们勇于面对、争取、挑战的心理能力。

与他人有分歧有矛盾时，我们要能及时察觉自己情绪的变化，及时调整并冷静下来思考解决方法，这样就减小了我们因为冲动而犯错的可能性。

面对困难时，我们要相信自己具备克服困难的能力，而不是因为恐惧而退缩，这样就有了战胜困难的可能性。

大学里，没有统一的起床铃，不上课的时候，你睡到日上三竿也没人管你。但你是否可以做到每天早起，短期直接影响的是你用于学习和成长的时间多少，长期间接影响的是你人生的节奏。这关系到自律。很多用人单位都不喜欢录用体型肥胖、不修边幅的应聘者，因为这往往意味着这个人是不自律的。

智力水平可能会影响你的学习效率和效果，而品格是一种综合素养，会决定你人生的高度。这种素养不是与生俱来的，它需要刻意地练习。

首先要意识到它的重要性，然后观察自己平时在面对、处理各种问题时的心理状态，再根据自己的情况，给自己提一点点要求。遇事想要放弃的时候，鼓励自己多坚持一下；想要退缩时，要求自己往前再走一步；设定一个日常的小目标，通过自己的努力去达成……每一个看似不起眼的小动作，都在帮助你提升自己的品格素养，为迎接未来更大的挑战做准备。

不要小看那个每天早上7点钟起床的室友，也不要低估那个每天坚持跑步的同学，这种自律所带来的人生意义是不可估量的。如果让你选择一件小事去努力，去坚持，你会选择什么呢？敢不敢挑战一下试试？

3. 真诚是与人交往的永恒法宝

如果说中小学的校园已经是一个浓缩的小社会，那么大学校园基本与真正的社会相差无几了。在这里，你会和各种各样的人打交道。来自五湖四海的舍友、同班同学、同院系同学、同校同学，大家都经过青春期的洗礼，已经有自己独立的思想和意识偏好；还有不常见面，但又掌握着你各科分数的班主任、科任老师、辅导员，各种学生组织、社团中一起工作的“同事”……怎么与社会上的各种人和谐共处，是个重要的话题。

有人说，这世界太复杂，人际关系很重要。所以很多畅销书作者和人际交往教练提出了与人交往的技巧，比如如何察言观色，如何深入人心。但最简单、最持久、最有效的方式，是真诚。

没有人会喜欢套路而拒绝真诚。真诚，是不把别人当傻子，不忽悠、不糊弄；真诚，是不刻意地伪装和压抑自己、迎合别人，尊重别人的同时也尊重自己；真诚，还意味着愿意站在对方的角度，用心感受对方的需求和难处……

当朋友因为失恋而哭泣时，你主动拥抱；当室友因为聊天打扰到大家休息时，你提出建议和请求；当团队讨论问题时，你积极参与，这些都是真诚的表现。

两个对彼此真诚的人成为朋友，可能就是一辈子的友谊。

所谓返璞归真，大道至简，真诚是与人交往的永恒法宝。

三、刚进大学就该重视的

1. 总得有个梦想吧，真的那种

中学阶段，我们一直忙于学习，时间被作业与考试占满。在高压的学习环境下，大部分人都没有时间和精力去考虑人生理想。即使课堂上老师让我们写过《我的理想》之类的作文，对大多数人来说，也只是搬出爱迪生、贝多芬那样的例子，自己依旧是懵懵懂懂。

如果你也是这样，作为过来人我们就要用自己的教训告诉你：进入大学之后，你要认真思考一下自己的人生理想是什么。因为大学是人生真正的开始，你不再需要跟着课程大纲按部就班地上课、考试、再上课、再考试了。刚开始面对以前不曾有过的自由，你可能会无所适从。如果一直不知道自己该做些什么，很可能就迷茫地度过了宝贵的大学时光。很多人的一生就这样迷迷糊糊过去了，不清楚自己究竟想成为什么样的人，想过什么样的生活。这是一件很可怕的事情。所以，从步入大学的校门起，你就要认真思考自己的人生理想，不要害怕达不到。梦想总是要有的，万一实现了呢？

那么，如何定位自己的人生理想呢？回想一下大学以前的学习和生活中，你是否有某种特别渴望去做或者特别擅长的事情。能够让一个人安身立命的领域，多数是他的某种爱好或者一技之长。孔子有言：“知之者不如好之者，好之者不如乐之者。”真正的喜欢会给人带来无穷无尽的力量，促使人在这一喜好上深挖，从而做出点什么，更快也更轻松地获得成功。当然，长期地投入不可避免地会导致对爱好的兴趣减低，从而造成职业使爱好变得无趣的假象。因为人都有着喜新厌旧的趋向。尤其是遭遇瓶颈时，甚至会产生厌烦情绪，但这并不表明你选择的不是你所喜欢的。而且，任何一项事业都有一个很难跨越的发展阶段，即“平台期”，熬过那段时间，你会重拾曾经的喜欢，同时进入新的发展阶段。

如果你在大学之前都是浑浑噩噩度过的，从没有考虑过自己喜欢什么，那么，从现在开始，你就需要认认真真考虑自己到底想成为什么样的人、过怎样的生活。虽然任何一段人生经历都不会白费，人的人生轨迹正是由这些经历造就的，但如果偏离太多，最后会失了本心。说到底，想要看清自己的内心，最佳的方式是去尝试，但凡有那么一点兴趣，想要去做，那么就赶紧行动起来，去感知、去体验。比如，你想成为一名作家，那么你可以去参加文学社，可以尝试写点东西，甚至往各种报刊投稿；也可以在网络文学平台上注册账号，发表文章；还有各种文学界的讲座、论坛，只要用心留意，就有机会亲临现场感受文学大家的魅力。尝试一定要不遗余力，只有如此，才能知道自己是不是真的喜欢，更重要的是，知道自己是不是真的能做好。

如果找不到自己所喜欢的，退而求其次，你也可以尝试寻找自己所擅长的事情。德鲁克有句名言，大意是说一个人要有所作为，只能靠发挥自己的长处，而如果从事自己不太擅长的工作是很难取得成就的，更不用说那些自己根本干不了的事情。有时候，自己擅长的事情未必是自己喜欢的事情。伟大的物理学家爱因斯坦从小喜欢小提琴，希望成为像帕格尼尼那样伟大的小提琴演奏家，可惜他没有这方面的天分，最后他明白过来，决定放弃成为小提琴演奏家的梦想，而将之作为一生的爱好。并不是每个人都能将爱好发展为自己的专长，如果全力以赴之后发现这一点，就应该赶紧放弃将爱好作为一生职业的理想，转而去寻得自己所擅长的、可以用于安身立命的特长。

要发现自己的长处，你可以使用回馈分析法。这个方法大致是：每当做出重要决定或采取重要行动时，你都可以事先记录下自己对结果的预期；9~12个月后，将实际结果与自己的预期进行比较；在2~3年甚至更短的时间内，你就能知道自己正在做（或没有做）的哪些事情会让你的长处无法发挥出来，同时也将看到自己在哪些方面能力不是特别强，还将了解到自己在哪些方面完全不擅长，做不出成绩来。接下来重要的行动是，专注于你的长处，并且把自己放到那些能发挥长处的地方。

另外，人的精力是有限的，想在某个领域获得极大的成功，必须投入足够多的时间和精力。尤其是在当代社会，社会分工越来越精细化，比起全才，这个社会更需要专才。所以，无论你的人生理想是鸿鹄之志，还是只是日常的油盐酱醋，一旦确立，就赶紧摒弃庞杂，全身心去实现吧。时光易逝，不容怠慢。

2. 做好定位，心中有数不迷路

如果你想问，什么样的大学生活才是完美的，或许没有答案。每一个人对大学的期待可能都不相同，这取决于你想要什么，而大学这个阶段又在其中扮演着什么角色。有人想在大学里获得学习、学术方面的认可，让大学成为自己进一步深造的底气；有人最在乎的是在大学里能否交到足够多有价值的朋友，这或许是自己以后步入社会的资源；有人觉得如果在大学里没谈过一场恋爱，没有过一场说走就走的旅行，这大学就白上了……孰对孰错？其实，只要是自己想要的，就无所谓对错。关键的问题是，得弄清楚自己到底想要什么。

如果你想要读研，就得提前思考目标学校、目标专业，了解对应的专业要求，提早准备方可游刃有余；如果你想要出国，就要坚持外语学习；如果你想毕业就工作，大学期间就要有意识地多接触社会，多参与实践，锻炼自己的实际工作技能。有很多学生直到大四都没有想明白自己接下来该做什么，毕业后只能被动地回家待业。

除了确定大的发展目标，享受大学生活的过程也很重要。难得的大学时光，既不像高中时除了学习还是学习，也尚未承担实际的生活工作压力，你打算怎么充分利用这段时光呢？是用来读万卷书，还是行万里路？是用来思考人生，还是探索世界？总得有个想法和安排。你希望你未来回首往事时，怎么描述你的这段时光呢？是丰富多彩，还是平平无奇？是珍惜怀念，还是悔不当初？总得有个期待。

总之，初入大学，建议你好好地思考一下上述问题，为自己的大学生活做好定位。这个定位就像是灯塔，灯塔常亮，我们才有行动的方向。过程中哪些事我们应该全力以赴，哪些应酬我们需要推辞，哪些机会不容错过，有了行动方向才能做出正确的决定。有灯塔的大学生活，不会虚度。

四、入学准备小攻略

1. 入学准备清单

眼看要离家前往学校报到了，你在兴奋之余又难免会有些紧张。从来没有独自离家那么久（如果你在外省读书，通常半年不会回家），收拾行装时，家里人恨不得把家里所有的东西都给你打包带上。下面的入学准备清单，供你参考，可以在此基础上进行个性化的增减。

（1）证件类

身份证：随身携带，路上也要用。

户口簿：如果不迁户口，就不需要带；要迁户口就得带上。

身份证正反面复印件、户口簿复印件：可以在家提前复印几份带上，到学校再印可能扎堆。

大学录取通知书、高考准考证、高考成绩单：考试及录取证明材料。

团员证、团组织关系证明：千万不要忘。

个人档案：切记不可拆封；高中学校会通知领取方式。

证件照：最好一寸、两寸，蓝底、红底都各准备一些；打印纸质的同时保留电子版。

家庭经济困难证明：家庭存在经济困难，希望申请助学金等情况下需要准备。

银行卡：尤其是学校随录取通知书统一发放的银行卡。

（2）生活类

衣服鞋子：带自己常穿的就好，不建议买一堆新衣服千里迢迢带上，毕竟新衣服哪儿都能买；大部分带夏天当季的，也要记得带上一些秋冬装；如果衣服较多，也可以选择把暂时穿不上的衣服打包，到校后再从家里邮寄过去；建议带腰带，如果军训服装偏大，裤子腰围不合适时可以救急。

床单、被子、枕头等床上用品：如果有条件，可以用真空打包袋，对于缩小床品体积可能帮得上忙。

行李箱：建议准备2个，一个大的方便入学时多带东西，另一个稍小的，方便寒暑假短时间回家时携带行李。

洗护用品：自己习惯使用的洗面奶、面霜、洗发水、牙刷等，价格高且方便携带的。

一般的生活用品：建议到校之后再买，如脸盆、洗衣液、热水壶等。这一类用品的特征是要么体积大不便携带，要么不贵也没有太多个性化需求，完全可以到校后购买。

药品：自己需要的特殊药品和常备药。

（3）学习类

书包、笔、笔记本等基本的学习用具。

台灯非常实用，比如寝室熄灯后你还想做点自己的事情，就靠它了。

平板电脑或笔记本电脑，如果你有且需要的话可以带上。

以上是大的类目和方向，你可以参照进行整理。原则是，证件类缺一不可，其他生活类物品可进行个性化的调整。必须从家带的就带上，可以不带的就别带了，到校后真有需要的时候再买不迟。避免贪多啥都带上，最后发现有很多用不上。

2. 在学习路上，也在交通路上

如果你的大学正好就在你家附近，那么这一篇内容，你可以忽略。如果不是，那么选择交通工具对你来说就极为重要。

如果学校在外省，你大概率会坐火车或飞机。上大学前，你乘坐它们的频率通常并不高，更别说要自己订票、一个人出行。以后，自己订票、一个人出行可能就是常态了。每次从家到学校、从学校回家，都得考虑这个问题。你需要在手机上下载一些票务软件，以便随时查阅车次、航班信息，也方便购票。常用的购票软件有铁路12306、携程、去哪儿等。

乘坐火车、飞机，在价格、时间、舒适度上都有不同。乘坐火车时间略长，但普通火车票的价格较低，是绝大部分学生的首选。铁路部门针对大学生有专门的购票优惠政策，以下是笔者整理的2023年学生票优惠政策：

①享受学生优惠政策的对象包含：全日制高等学校（含国务院教育行政部门、省级人民政府审批设置的实施高等学历教育的民办学校）；承担研究生教育任务的科学研究机构，军事院校，普通中、小学和中等职业学校（含有实施学历教育资格的公办及民办中等专业学校、职业高中、技工学校）；国务院或国务院宗教事务局批准的正式宗教院校就读的学生、研究生。

②基本条件：家庭居住地和学校所在地不在同一城市。

③优惠购票凭证：凭附有标注减价优惠区间和火车票学生优惠卡的学生证乘车，优惠区间应加盖院校公章。

④可购买的车票类型：学生优惠票限于使用普通旅客列车硬座、硬卧和动车组列车二等座。

⑤优惠购票次数：每学年（10月1日至次年9月30日）可购买家庭居住地至院校（实习地点）所在地之间四次单程的学生优惠票。新生凭录取通知书、毕业生凭盖有院校公章的学校书面证明当年可购买一次学生优惠票。需要注意的是，优惠乘车次数按学年使用有效，当学年不能使用下一学年的次数，当学年

未使用的不能留至下一学年使用。

⑥优惠资质核验：学生每学年乘车前应到车站指定售票窗口或自动售票机办理一次本人居民身份证与火车票学生优惠卡的优惠资质核验手续。

以上政策，可能会随着铁路部门相关政策的变化而变化，如果你的出行方式以火车为主，自己就得多加留意。

一般来说，高铁和飞机的票价较高，只有少量学生选择。高铁的价格是稳定的，不存在波动，所以买高铁票需要注意的就是在出行高峰期提前购票。寒暑假都是出行高峰期，容易买不着票。购买机票的讲究就比较多了。机票价格是随着行情变化的，旺季的时候价格可能很高，淡季的时候也可能比火车票还便宜。购买机票最好提前1个月关注价格走势，提前半个月左右，觉得价格已经不会更低的时候就得下手了。如果你需要买机票，又希望买到相对便宜的机票，那就用心多观察，看多了就更容易摸清规律。

除了跨省的交通，省内的大巴车、高铁，市内的公交车、地铁，校内的摆渡车（一般校园占地面积大的才有）等，都是你可能用得上、需要关注的交通工具。新到一个地方，弄清楚大巴车站在哪里，把地铁线路图保存在手机上，了解一下自己学校周边的公交线路，都是必要且重要的。因每个城市、每所学校的交通情况不同，这里就不赘述。提醒大家自己多关注，通过问学长学姐、网络查询等方式，都可以了解。

3. 马上开学了，还在为学费发愁，怎么办

考上大学是每一位学生梦寐以求的事，但如果家里在经济上并没有为此做

好准备，可能让你有些为难，别太担心，为确保家庭经济困难的学生能顺利入学、完成学业，国家出台了一系列高校学生资助政策，可以帮助到你。

为确保政策的准确性，以下信息取自中国政府网。

（1）入学前

①国家助学贷款

金额：本科生每人每年不超过12000元。

期限：学制加15年、最长不超过22年。

利率：按照同期同档次贷款市场报价利率（LPR）减30个基点执行，在校期间（包括因病休学）利息由财政全额补贴。

生源地信用助学贷款：向户籍所在县（市、区）的学生资助管理机构咨询办理。

校园地国家助学贷款：向高校学生资助部门咨询办理。

小提示：同一学年内，有贷款需求的学生只能选择申请办理一种类型的国家助学贷款。

②新生入学资助项目

金额：就读本省院校的新生每人500元，就读省外院校的新生每人1000元。

范围：中西部地区家庭经济困难的新生。

咨询部门：当地县级教育部门。

③高校学生资助热线电话

教育部热线电话：010—66097980、010—66096590。

④“绿色通道”

全国所有高校都开通了新生入学“绿色通道”，家庭经济困难学生即使没有筹齐学费，也可以通过“绿色通道”办理入学手续。入学后，高校资助部门根据学生具体情况开展困难认定，采取不同措施给予资助。

（2）入学后

①国家助学金

金额：平均补助标准为每生每年3300元，具体标准由高校在每生每年2000~4500元范围内自主确定，可以分为2~3档。

范围：家庭经济困难的全日制本专科（含预科、高职、第二学士学位）在校生。全日制在校退役士兵学生全部享受本专科生国家助学金（每生每年3300元）。

小提示：教育部直属师范大学公费师范生，在校期间免学费、住宿费，还有生活费补助，因而不再同时获得国家励志奖学金、国家助学金。

②国家励志奖学金

金额：每生每年5000元。

范围：品学兼优的家庭经济困难全日制本专科（含高职、第二学士学位）在校生。

③勤工助学

岗位：以校内教学助理、科研助理、行政管理助理和学校公共服务等为主。

时间：原则上每周不超过8小时，每月不超过40小时。寒暑假可适当延长。

固定岗位按月计酬：每月40个工时的酬金原则上不低于当地政府或有关部门制定的最低工资标准或居民最低生活保障标准为计酬基准，可适当上下浮动。

临时岗位按小时计酬：每小时酬金可参照学校当地政府或有关部门规定的最低小时工资标准合理确定，原则上不低于每小时12元。

④校内资助

学校利用事业收入提取资金以及社会捐助资金，设立奖学金、助学金、困难补助、伙食补贴、校内无息借款、学费减免等校内资助项目。

⑤临时救助

加大对生活困难未就业大学生等青年的救助帮扶力度，根据实际情况及时采取临时救助等相应帮扶措施。面对疫情，多所高校和省份为家庭经济困难学生提供疫情防控专项生活补助、临时困难补助申请、隐形伙食补贴等，不少高校提供暖心物资和心理援助。

（3）毕业后

①去入伍当兵

对应征入伍服义务兵役、招收为军士（原士官）、退役后复学或入学的高等学校学生实行学费补偿、国家助学贷款代偿、学费减免。本专科生每生每年最高不超过12000元。

②去基层就业

中央高校应届毕业生，自愿到中西部地区、艰苦边远地区和老工业基地县以下基层单位就业、服务期在3年以上（含3年）的，补偿学费或代偿用于学费的国家助学贷款，本专科生每生每年不高于12000元。地方高校毕业生学费补偿贷款代偿由各地参照中央政策制定执行。

③去当乡村教师

六所教育部直属师范大学的公费师范生，以及中西部欠发达地区优秀教师定向培养计划师范生，在校期间不用缴纳学费、住宿费，还可获得生活费补助。

有志从教并符合条件的非师范专业优秀学生，在入学两年内，可按规定转入公费师范专业，高校返还学费、住宿费，补发生活费补助。有意报考地方公费师范生，以及中西部省份地方师范院校招收的“优师计划”师范生的学生，可向相关院校进行具体咨询。

家庭经济条件不好，有很多综合的原因，你大可不必为此自卑和难受。国家和学校为家庭经济困难的学生提供了如此多的解决路径，你需要做的就是充分利用这些资源，好好学习，不断成长，用自己的能力和行动改变家庭经济环境，创造自己的未来。

4. 提前准备好自我介绍

进入新集体，同学们相互做自我介绍是免不了的。对于自我介绍这件事，你一定不陌生，但通常也没有足够的重视。如果你是抱着一份憧憬和期待走进这个新集体，如果你希望在新同学和老师面前展示出优秀的自己，如果你希望让自己的大学生活有一个美好的开始，请一定提前认真地准备一份自我介绍。

心理学上有一个名词叫作首因效应，也叫第一印象效应。第一印象，是在短时间内以片面的资料为依据形成的印象。心理学研究发现，与一个人初次会面，45秒内就能产生第一印象。这一最初的印象对人的社会知觉产生较强的影响，并且在头脑中占据着主导地位。用大白话说就是：别人对你的持续评价受第一印象的影响极大。第一印象好了，以后的交往会容易很多；第一印象不好，可能阻碍也会多很多。这就是我们强调第一次正式自我介绍重要性的原因。不管你在过往的集体中是怎样的形象，现在都是你值得重视的一次新开始。

自我介绍有没有模板？答案是肯定的，模板不外乎是姓名、年龄、籍贯、民族、兴趣爱好、特长特点什么的，如果就是将这些像播报员念稿一样播报出来，就没有提前准备的意义了。关键是用什么样的方式说出来，才能让所有人眼前一亮、印象深刻呢？

比如，每个人的名字都是他重要的标识，全班几十个名字放在一起，不太可能一下子全都被记住，怎样能让大家快速记住你的名字？比如，你的特长可能是打快板，如果你把“快板”两个字说出来，大家不一定会有感受，因为它只是没有温度的名词。但如果你把自我介绍用快板的方式表现出来，那结果是否会完全不同呢？如果你是少数民族，一套颇具特色的民族服装，会不会给你添彩？

我们只能抛砖，你才是那块玉。只要有意识地提前准备，你的用心一定会被看见。

5. 珍惜这个独一无二的暑假

暑假年年有，这个不一样。高考结束了，大学录取通知书也已到手，不知道兴奋之余，你有没有意识到这个暑假的特别之处呢？

过去，你的暑假可能都是用来赶作业和被父母计划着“弯道超车”的。即便可以沉浸在玩乐中，那玩乐的过程也是顶着极大压力的。当你进入大学后，暑假时也不会闲着，兼职打工、社会实践、各种考试，会让你极其充实。只有这一个暑假，既告别了繁重的学业压力，自主奋斗的日子也还没开始。关键是爸爸妈妈终于放松了紧绷十几年的弦，不再限制你了。这很不一样，重点是可能有且只有这一次。

所以，你是否该好好把它利用起来，做点自己一直想做又没机会做的事呢？哪些是你想做又没机会做的事？每个人的想法可能都不同。也许是每天睡觉睡到自然醒，也许是出去散散心、旅旅游，也许是不受打扰地沉浸在自己喜欢的手工活儿里，也许是跟朋友们一起玩儿音乐……什么都好，只要是你喜欢的，就在这个无忧无虑的暑假，尽情地满足一下自己吧。千万别浑浑噩噩，什么也没想，什么也没做，别等反应过来已经错失了良机。

其他建议

* 朋友圈晒录取通知书时，注意保护自己的隐私，重要信息打马赛克。
* 不要提前太早到校，学校宿舍不会提前开放，住酒店很贵。
* 预订行程时注意，到达时间最好在白天。
* 到达目的地后，要乘坐正规的士或网约车去学校，拒绝热情的黑车揽客。
* 虽然现在电子支付非常便捷，但还是要适当带点现金，以备不时之需。
* 尽快把校园布局、周边环境、班级情况弄清楚，做到心中有数。
* 开学后第一时间获得辅导员的联系方式。
* 不要等到大四再去做你想做的事或成为你想成为的人，大一就开始吧。
* 保护好你的梦想，当有人告诉你你在乎的事并不重要时，不要那么容易就放弃。
* 学会独立，也要学会在必要的时候主动寻求帮助。

过来人说

文女士 中央民族大学 信息与计算科学 2005级

曾任国营教育期刊社总经理，教育科技公司创始人

给大学生的建议：

进入大学，对未来的思考和规划真的很重要。回想起来，大学四年真的是人生中太珍贵的时光，这时候偷的懒，终归是要还的。

采访稿整理：

现在的我是一名教育行业创业者，主要为家长提供教育咨询服务、教育课程和教育产品。教育心理学和认知心理学的相关知识是我从事这个行业的基础知识，但这并不是我在本科时的专业方向。这些年，为了在行业里站稳，我除了工作、睡觉、带娃，其他时间全都用来学习：不断地学习更多的专业知识，不断地考取更多的专业资质证书。到现在，我也算在专业上和行业里小有积累吧，但是真的累。如果有机会让我再上一次大学，我一定不像之前那样过。

我进大学的时候真的太随意了，主要原因是没有人指引，自己也不懂。爸爸妈妈都是生意人，学历不高，我不是不知道该怎样进行学业规划，而是完全不知道需要进行规划。我的印象里当时选择我的大学，只是因为偶然在高中老师办公室门口看到了一张学校的宣传海报，觉得挺好看的，一查过往录取分数，自己也够得上，于是就填报了志愿。现在想来，真的是太儿戏了。倒不是说学校不好，而是没有认真想过是否适合自己。

进入大学后，我几乎没在学习上花工夫。对当时的专业不感兴趣是一方面，更重要的是，自己真的没想过上大学到底是为了什么，应该做点什么。我当时从没想过，就算对专业不感兴趣，我也可以进行各种尝试寻找自己感兴趣的方向；我从没想过，可以通过努力学习考个不同方向的研究生给自己争取更多的机会；我从没想过，不管学哪个专业都应该把英语学好，为后续的各种可能性做好准备；当时家里经济条件不好，我努力通过兼职赚钱，却从未想过其实在大学里，努力学习也可以获得奖学金……而这些，在接下来的10来年里，都多多少少对我的工作和发展形成了阻力。

现在看来，我上了一个不错的大学，但因为我个人的无知，仿佛有些白上了。除了一纸文凭，留给自己的积累很少。好在我醒悟得早，通过后来的勤奋努力，到现在结果好像也不差。但是，这个过程的辛苦只有自己知道。别人在聚会，我在学习；每天把孩子们哄睡了，我才能开始学习；没有周末、没有节假日，所有的时间用于听课充电、应付各种考试……即便如此，相比科班出身的同行，我还是有几分底气不足。每当这个时候，我就好怀念大学的学习时光，经常回想着，如果现在让我回到大学那段可以完全自主控制的时间，没有工作、没有生活压力、没有照顾子女的责任，所有的时间都只是用来提升自己，那该多好。可这，也只是想想而已，最终我还得回到当下来努力。

第二章
好好学习永远不会错

曾经，学习是你热爱的事情，但不知从何时起，学习变成了一件枯燥乏味的事情。十几年的考试、分数、排名，让你变成了一部性能优良的学习机器，无法感受到读书的快乐。如今，你进入大学校园了。有人说，你不再需要考试，甚至不需要天天上课，自由自在。这是真的吗？如果你真的相信，可就危险了。因为在大学，学习依然是第一要务。

一、大学学习的特点

你刚进入大学时可能会听到师兄师姐说，大学的课不上也罢。要知道，大学老师不会像高中老师那样天天盯着你学习，而你也有惰性，慢慢地就放松了对自己的要求，甚至学会了逃课。你以为大学不过如此，混一混四年就过去了，到最后照样可以顺利毕业。

打住！你必须对自己的大学生活有正确的认识和规划。进入大学，学习仍是大学生的主要任务。大学阶段的学习与中学阶段相比，在学习内容、学习方法等方面发生了很大的变化，主要表现在以下几点。

第一，学习内容的专业性。大学教育的目的是培养专业人才，教学课程是围绕专业方向和需要开设的，使学生学到更多的专业知识和技能。因此，专业性更强。

第二，学习方法的自主性。中学时期，老师教学生是“手把手”领着教，不少同学养成了依赖老师的习惯。大学老师上课一般是介绍思路多，详细讲解少；课堂讨论多，课外答疑少；参考书目多，课外习题少。授课进度也快得惊人，一节课往往要讲一章甚至几章的内容，打个盹儿醒来老师就讲过小半本书了。另外，大学生对学习内容有较大的选择空间。很多老师鼓励学生广泛涉猎各类知识。除必修课，学校还开设了许多选修课，大学生可以根据自己的需要和兴趣有选择地听课和学习。

第三，学习途径的多样性。课堂教学仍是大学生获取知识的主要途径，但不是唯一途径。大学生在学习过程中既可以通过不同的方式吸收课本知识，也可以按照自己的学习兴趣去探求获得更多的知识，例如，通过听各种学术报告、知识讲座，查阅图书资料，参加社会实践等途径获取知识。

第四，学习目的的创新性。大学教育的根本任务之一就是要培养学生具备思考探索问题的本领，不但要掌握所学的知识，而且要知道知识的形成过程，了解学科发展状况、存在的问题以及解决这些问题的可能性，掌握科学的方法，培养独立思考、探索未知的精神。

大学学习的特点，决定了大学生学习必须由老师指导下的学习向自主学习转变，由接受型学习方式为主向接受型、创造型相结合的学习方式转变，由运用模仿性思维为主向运用创造性思维为主转变。也正是这些特点，使得大学阶段的学习区别于中学阶段的学习，更加丰富多彩。

你需要尽快适应大学学习。首先，调整心态，明确任务。高中时，一些家长和老师经常用“高中辛苦一点，考上大学就好了，大学学习任务轻，玩的时间多”等类似观点来教育大家。这样一来，就使得很多同学考取大学后，没有把学习作为主要任务。不少同学学习成绩一团糟，一些原来高分进校的同学严重退步为班级倒数，部分同学考试成绩经常不及格，不得不留级、退学，导致多年的努力付诸东流。还有很多同学“混”到大四，不得不面临考研、找工作的压力，这时才追悔莫及。因此，与高中相比，大学的学习任务并没有减轻，大学新生一定要抛弃“该好好休息一下”的错误想法，及时调整心态，尽快转变角色，充分认识到学习在大学生活中的重要地位，将主要精力投入到大学学习中去。

其次，确定目标，合理定位。新同学进校后，应根据自己的目标和具体情况，进行合理定位，确定好远期目标和近期目标、主攻目标和附带目标，不能不切实际地“眉毛胡子一把抓”。

再次，尽快掌握学习方法。要熟悉上课地点和学校相关学习场所的利用情况，如图书馆、自习室的开放时间以及能提供的服务等。还要认真了解本专业课程的设置情况，了解本专业培养目标、教学计划和获得毕业证书的必要条件，做到有的放矢。要充分利用课堂教学环节，积极主动预习，紧跟老师思路，适时做好笔记，重视课堂作业，及时自觉复习等。

最后，科学安排学习时间。大学的学习方式为学生安排时间提供了较大的自由度。为了避免出现时间空白带，学生可以制订一张时间计划表，认真落实时间计划表的安排内容，合理地确定时间计划表中各个时间段的学习内容，努力提高单位时间内的学习效率。

真心希望每一个进入大学校园的人能充分利用这宝贵的学习机会，让自己的大学生涯不留遗憾。

二、大学学习小百科

1. 公共课和专业课、必修课和选修课

大学的课程一般分为必修课和选修课。细分起来，必修课又分为全校公共必修课（即公共课）和专业必修课，选修课有全校任选课、专业限选课、专业任选课和跨院系选修课。

在选课前一定要先了解自己学校的课程设置。下面我们分别来了解一下大学的这些课程。

全校公共必修课是指全校学生都必须修习的课程，主要包括政治理论课、外语课、体育和军事理论课、计算机课。这些课程一般由教务处给所有学生安排统一的课程和考试。

专业必修课是指各院系规定本院系学生必须修读的课程。如果你的专业是历史学，必修课程可能有中国通史、世界通史、史学理论等；如果你的专业是经济学，那你可能得学习政治经济学、西方经济学、会计学等课程；如果你的专业是计算机，那么你的必修课可能有计算机组成原理、电子技术、程序设计……专业必修课一般在大学的前两年修完。一般这类课程就是专门训练你的专业能力的，学好这些课程，将为你深入学习本专业知识打下良好的基础。

专业限选课介于专业必修课和专业任选课之间，指学校或各院系对学生修习的课程进行某种程度的限制，一般是在某些课程或某一领域中要求学生至少选择其中的几门课程进行修习。

专业任选课和全校任选课是自由选修的，学生可完全按照自己的意愿自由选择。这部分课程主要是为了扩大学生知识面，或满足学生对某些领域进行深入研究需要而开设的。

跨院系选修课，从字面上讲，就是学生选择非本专业的课程进行修读。现在的大学一般都要求文科生学学自由落体、钾钙钠镁，要求理科生学学秦皇汉武、世界地图。无论文理科学生都还要选修一定学分的艺术类课程。在很多高校中，这种课程叫文化素质教育选修课，是为了提升学生的文化素质而设置的。这种课除了强调知识结构的合理和完整，还给了学生寻找兴趣以及与多学科学生交流的机会。建议大家在这类课程上下点功夫，它给你带来的裨益你可能现在还无法想象。

2. 课程考核

每门课程都有对应的考核机制，以检验和确认学生的学习质量和效果。课程考核通常由平时考核和期末考核两部分组成，在最终成绩中各占一定比例。

平时考核包括课程作业、课堂表现和期中考试。其中，课堂表现一般由任课教师根据学生出勤率、课堂讨论和课堂演示等综合表现给出成绩。

期中考试可采取闭卷考试、开卷考试、口试、课程论文等方式进行。期中考试如以课程论文的形式考核，也可视为课程作业的一部分。

期末考核以期末考试的形式进行，一般采取闭卷考试、开卷考试、口试等方式，或上述方式相结合。其中，全校公共课程、专业基础类课程的期末考试原则上采取闭卷考试的方式。

一些非专业课程，如国防教育、劳动教育课等的考核成绩可能以合格制（P/F，P表示通过，F表示不通过）或等级制（A、B、C、D）计，其他各类课程的考核成绩（包括课程作业、课堂表现、期中考试和期末考试四个部分）一般都以百分制计，就是惯常的总分100分，60分及格。

3. 关于挂科、补考、重修

大学课程的考核机制里，每门课的最终分数大于等于60分，就视为这门课考核通过，获得相应学分；低于60分，就视为考核未通过，不能获得学分。考核未通过，也就是我们俗称的挂科。

大学里，对于大部分院系和专业来说，挂科并不是常态，因为大学的老师一般情况下出的期末考试题目并不难，不会轻易让同学挂科，而且学校对挂科率也有严格控制，不太会出现大面积挂科的情况。另外，一门课程的成绩，不仅取决于最后的期末考试，期中成绩、平时作业、课堂展示等也会占最终成绩的一定比例。所以，如果你没有太偷懒，应该不至于挂科。但你也别天真地以为，即使你真的“躺平”，不上课、不做作业、不复习，老师也会睁一只眼闭一只眼，“不敢”让你挂科。毕竟这是你自己的考核，可不是老师的。老师不想为难你，但也不会偏袒你。

建议同学们尽量避免挂科，因为很多高校都规定，挂科的同学不能参与奖学金、优秀学生干部的评选，甚至有的学校会限制挂科学生入党。以后找工作的时候，很多用人单位是要求提供本科阶段的成绩单的，如果发现你曾有过挂科的记录，可能会降低对你的印象分。你如果有保研的想法，挂科更是大忌讳，只要有过挂科，将失去保研资格，不管你在其他科目上的表现有多么优秀。

如果挂科的错误已经铸成，也不要太过忧虑，学校一般会给挂科的同学一次补考的机会，拿出高考时的精神再鏖战几晚吧。如果补考还没有通过的话，那么就只能重修了，也就意味着你要跟学弟学妹们共聚一个教室，共度一个学期的时光。如果重修还是挂科的话，那么你可能会延期毕业。

所以，该完成的学习任务还是要完成的，不能奢求连这门课程最基本的东西都搞不清楚，还能轻松通过考核。

4. 学分是什么

拿到大学毕业证书其实很简单，就是修满学校和学院要求的学分。先打个通俗易懂的比方，比如你在烹饪学校学习了三四年，你老妈要考考你的手艺，再决定是不是给你颁发“家庭御用厨师”的聘书。考查的题目很简单，就是要你给全家人做一顿午饭，总分120分。这120分的计分方法如下：主食（公共课）必做，40分；热炒（专业必修课）必做，60分；凉菜、汤或果盘（选修课），可选择做任何一道，20分。对于每道美食，只要你做得能吃（及格），就可以得到相应的分数。你要是兴致好，也可以多做几道美食。最终，只要总分达到120分，你就能拿到“家庭御用厨师”的聘书。大学毕业修满学分也是一样的道理。

学分是根据课程的学习量和难度折合的一定分值，每门课都有相应的学分。不同学校和不同专业的学分设置有所不同，学分总数一般在140~200分。一般来说，每完成一门课程的学习并通过考核，就得到了该门课程的学分。重修或补考通过了考试，也可以获得相应课程的学分，但如果一直处于挂科状态（不通过或成绩低于60分），该门课程的学分就为0。一般，专业课的学分较多，而公共课和选修课的学分较少，修满了一定的学分才能达到毕业的条件。但别以为你可以多选些选修课、少选专业课把学分修满，这是不可能的，因为每一类课程的学分都是有最低限制的。

还有一类学分是创新学分。创新学分是指全日制本科生在校期间根据自己的特长和爱好从事超出本专业教学计划要求的科研和实践活动而取得具有一定创新意义的智力劳动成果或其他优秀成果，经学校创新学分专家评审委员会评审认定后被授予的学分。也就是学校用学分的方式鼓励学生多参加专业课以外的各类学习、活动、实践，促进学生的创新意识、创新能力等综合素养提升。不是每个学校都有创新学分的要求，在有相关要求的学校，创新学分一般为必修学分，未修满该学分会影响毕业。

学生一般通过参加创新创业训练计划项目、学科竞赛、专业资格等级考试、发表论文或作品、科学研究、发明创造、学术交流、社会实践等活动，取得对应的成果，经学校认定后即可获得相应的创新学分。当学生完成项目、取得成果，符合学分申请条件后，一般流程是先向学院提交申请，附上相关支撑材料（如参加了国家的职业资格认证考试，支撑材料为人力资源和社会保障部颁发的资格证书；参加了学校组织的勤工俭学活动，需提供由学校学生处开具的证明），经学院对学生提交的材料进行审核认定后，学生就可以获得对应的学分。建议你要有意识地关注自己学校的规章制度、相关项目细节要求，提前做好相应规划。

总体来说，学分制在学习内容和时间上给我们增加了个性化的选择空间。如果学生因为一些特殊情况暂时请假或休学，只要在规定时间内返回学校，过往已获得的学分也是作数的，继续修完所需学分后同样可以正常毕业。同时，学生也可以选择在大一、大二时多修习一些科目，争取多拿些学分，这样大三、大四的时候就有更多的时间去干自己的事情，甚至可以在修满学分、完成毕业论文后，申请提前毕业。当然，很多学校和院系都对每学期可选的学分予以限制，比如说每学期所修课程不能超过45学分等。学习安排过松或过紧，都是不科学的，整体来说，遵从学校的统一安排，并根据自己的实际情况适当调整即可。

5. 什么是GPA

平均学分绩点，也就是GPA（Grade Point Average），以学分与绩点衡量学生学习的量与质，是现在国际上通用的一种对于学生学习质量评估的方式。对于学生来说，如果目标只是勉强毕业，那对于GPA可以不用太关注；若对奖学金、推荐免试研究生（保研）、留校、留学等有想法，或者想进入对专业学习要求高的大企业，那就得把GPA搞清楚。GPA直接体现了学生在大学期间学习的质量。

中国高校的绩点设置最常见的为五分制或四分制，具体的折合方式依据各个学校规定而有所不同。当学生经过考核获得了百分制分数后，可以得到其分数对应的绩点。我们拿四分制举例，对应绩点可能如表2-1所示（具体以每个学校的要求为准）。

表2-1　百分制分数对应绩点（四分制）

百分制分数	绩点
90~100	4.0
86~89	3.7
83~85	3.3
80~82	3.0
76~79	2.7
73~75	2.3
70~72	2.0
66~69	1.7
63~65	1.3
60~62	1.0
60 分以下	0.0

每门课的学分绩点=学分数 × 绩点

平均学分绩点(GPA) = 已修各门课程学分绩点之和 ÷ 已修各门课程学分数之和

这是一个比较常见的算法，但不同学校又可能有细微的差别，比如以合格制（P/F）为计分方式的课程，是否参与平均学分绩点的计算，或者如何参与平均学分绩点的计算。具体的计算方式和绩点计分方式，都是大学生从入学开始就要重点关注的。

高校的GPA一般在最终成绩单，尤其是中英文成绩单上出现。计划出国留学的同学，可以咨询一些留学中介，他们一般会按照对你最有利的GPA计算方法进行计算。美国多数大学对申请人的GPA都有要求，未达到要求的不予考虑。一般，美国的大学对于奖学金申请者的GPA也是有较高要求的。

6. 关于转专业

经常有一些同学在上了大学之后，发现自己当初选择的专业不合适，不想学，学不好，痛苦至极，而此时又发现自己对另一个专业才是真爱。如果遇到这种情况，那么，你可以考虑转专业。

大部分学校在大一快结束时会为学生提供转专业的机会。转专业的学生通常需要提交转专业申请表，并通过相应的笔试和面试。热门专业对笔试成绩要求较高，需要你提前学习对应专业的基础知识。而在面试环节，老师考查的主要是你是否真的有兴趣、有决心学新专业。总之，不同院校的转专业考查形式和基本要求有所不同，如果你动了这个心思，一定要提前打听，做好准备，别轻易错过机会。

然而，有明确的转专业目标的人毕竟只是少数。如果你只是觉得学习现在的专业很痛苦，但是并没有其他特别喜欢或擅长的专业，那么，你就没有必要转专业。因为任何一个专业，你刚入门学习的时候，都不会很轻松。你得从暑假的狂欢中静下心来，试着投入学习，努力培养自己的兴趣和学习能力。

如果你在认真努力后对本专业仍然无感，在学好本专业的同时，可以利用课余时间发掘其他兴趣和潜能，跨专业选课或者修双学位（部分学校允许辅修双学位），大四时选择跨专业考研或者出国留学。如此不仅能够实现你的理想，还能使你的知识结构更多元化，更具有优势。这样一来，你就是一个具有复合学科背景的人才了，无论对工作还是搞科研，都有好处。

也许你想转专业的原因是担心自己所学专业不占优势，你不好找工作，事实上，曾有人对大学毕业5~10年的人做过一个调查，毕业后从事本专业工作的人不到20%。本科四年，无论你学的是历史还是金融，是土木工程还是生物技术，虽然学科千差万别、专业大相径庭，但各个学科和专业的学习都为你提供了一个构建自己思维认知和逻辑体系的框架，这才是你大学四年最大的收获。现代社会，知识的更新速度快到超乎人们想象。大学学习，某种程度上说是在为你以后的终身学习和提升打下良好的基础。

所以，不用为自己本科专业的问题太过纠结，既然命运给你安排了这段历程，那就坦然接受并享受吧。学好本专业，不放弃探索其他专业的兴趣，然后从这段不一样的旅程中欣赏到人生的别样风景。

7. 关于大学英语学习和四、六级

全国大学英语四、六级考试（CET4、CET6），是你在大学时必须重视的考试。大学英语四、六级考试什么时候考最容易？有人说是高考刚结束的时候。这充分说明了大学期间学习英语的现状，即不但可能没啥进步，还很可能退步。

全国大学英语四、六级考试系教育部主办、由教育部教育考试院（原教育部考试中心）组织实施的全国统一标准化考试，考试目的是检测在校大学生的英语能力。

CET笔试报考资格为全日制普通高等院校本科、专科在校生，全日制成人高等院校本科、专科在校生，在籍研究生。修完大学英语四级课程的学生可报考英语四级，修完大学英语六级课程且英语四级成绩达到425分及以上的学生可报考英语六级。考生按学籍所在学校的规定报考笔试科目。

既然高考结束通常是我们英语水平的至高点，那能不能趁着大一，知识还没忘光就速战速决把四级考了呢？这个问题，每所学校的规定有所不同，有些学校明令禁止大一新生报考四级，也有一些学校是允许的。可以早点跟学姐学长打听清楚，以便早做准备。

大学英语四、六级考试是否通过，对于以后的深造和就业都是很重要的。很多用人单位都把英语水平作为招聘的一个基本要求，部分公务员岗位、银行、外企等更重视应聘者的英语水平，不仅要求应聘者通过大学英语四、六级考试，还会看具体分数。同样是四级，425分刚通过的和500分高分通过的水平可能是不一样的。所以有人在已经通过的基础上再次报考，就是为了获得一个更好的分数。

相比通过大学英语四、六级考试取得较好的分数和证书，其实我们更想提醒大家要重视英语的学习和运用。身为大学生的你应该能理解，英语作为一门语言工具，不管你考试拿了多少分，真见了外国友人，听不明白、张不了嘴，看英文文献如同看天书，那尴尬不言而喻。建议你大学期间，有意识地锻炼自己的听、说能力。怎么锻炼呢？要在生活和学习中多为自己创造一些机会。比如，同样是刷剧，可以多刷刷美剧，看的过程尽量不去看字幕，这就是很好的锻炼方法。看剧学英语有语境，不枯燥，容易坚持。还可以尝试着到校图书馆里借阅一些英文原版图书，或者从网上搜寻一些英文原版有声图书，走在路上时磨磨耳朵，这也是很好的方法。有很多免费且实用的方法，但重点是要有意识地坚持去做。

三、大学学习技巧攻略

1. 真实的大学课堂

在你的想象中，大学课堂的场景可能是老师风趣幽默地在台上侃侃而谈，学生全情投入、热情互动，师生一起以课本主题为核心，天南地北积极延展、探讨……你实际见到的课堂很有可能是这样的：一位看起来学识渊博的老师正照着他的课件面无表情、自顾自地讲着，台下的学生，一半的人已睡着，仰头的、俯面的，另一半则特别专注地盯着自己的手机……

为什么会这样？有很多因素。先从老师身上找原因。大学的课堂教学与中学相比，不论是教学目标，还是内容和方式，都很不一样了，大学老师需要更多地启发学生对于专业知识的兴趣，而非简单地讲授课本知识，这给老师们提出了很高的要求。确实会有一些老师，他们的专业功底深厚、知识储备量高，但课堂上缺乏一些调动学生积极性的方式方法，使得所讲内容略显枯燥。然后是学生的问题。理论上说，进入大学后，学生的专业学习才刚刚开始，但有一个普遍的现象是，很多学生一旦考上大学，就不想学习了。主要原因是从小学到中学，超大的压力及高强度的学习和竞争，基本消磨尽了学生们的学习兴趣和动力。同时，许多家庭没有让孩子明白大学学习和终身学习的重要性，导致他们误以为“考上大学就好了”，好不容易熬到高考结束，立即进入放纵状态。学生不好好听课，老师得不到积极正向的教学反馈，自然也没有精神和兴趣好好打磨课程内容；老师的教学老套，学生更没有动力好好学习……如此便形成了恶性循环。

所有的大学课堂都是这样吗？有没有如我们期待的氛围积极向上的课堂？当然有！也许因为一位想为课堂留下点什么的老师，也许因为一群愿意为自己人生负责的学生，不管是哪一方主动引领，都可能出现教学相长的“双赢”课堂氛围。在这样的课堂上接受认知提升的洗礼，绝对是一种享受。如果你恰好遇见了这样的课堂，一定要倍加珍惜。

如果你认为，我们在开篇就告诉你并不美好的课堂场景，是想让你随遇而安、趁机躺平，那可就大错特错了。我们是想让你做好心理准备，以便更好、更从容地应对。以下课堂学习要点，分享给“不管别人如何，我都愿为自己的学习负全责”的你。

（1）听课，带着思考梳理脉络

大学的课程内容很多，厚厚的一本教材，一学期十几个课时就要“结束战斗”。老师不会一页一页地抠知识点，更多的是进行知识背景、历史渊源的介绍说明，目的主要是领你进门。在听课的时候，绝不是单纯地听老师“唠嗑”，得带着脑子，听懂学科知识体系的整体脉络。注意，知识脉络和知识点的关系，就像森林公园全景图和其中一个风景亭。过去你习惯于在老师的带领下逐一打卡每一处风景，也就是知识点，老师通常还会反复讲解，留足时间让你慢慢消化。现在，老师带着你俯瞰森林公园全景，你得先跟上节奏，对整座森林公园有个大概的了解，知道公园的特色是什么，风格是怎样的，有哪些道路，有哪些景点……地图在心中，便不会轻易迷路。

（2）笔记，并不是单纯地抄写

笔记的重要性在教学中一直被强调，但是，如果因为做笔记影响到你听课的节奏，那就停下来，先保证听明白。另外，把经过自己思考和筛选后的重点记下来，要好过逐字逐句地完整抄写。

手机拍照不叫做笔记，因为没有任何意义。如果想要使用笔记本电脑、平板电脑或者手机做笔记，Notability、GoodNotes都是比较不错的软件选择。

（3）“教材+课外延展”，以点带面

课堂上的概览，让你了解学科地图，而地图上更多的风景细节，需要你通过翻阅教材和老师推荐的书籍、资料，进一步深入补充学习。“啊？还要我们自己学习？”当然，你已经是大学生了，自学是你必须要具备的意识和技能。所谓师傅领进门，修行在个人。

2. 考前复习

如果你平时学习认真努力，有计划、有技巧的考前复习可以帮助你系统地梳理一学期的知识，获得理想的成绩。如果你平时几乎不学习，那么考前突击复习则变成你能否顺利及格的关键。

先强调，大学考试是很严肃的。你可以在考前突击，老师也可能会给你画考试范围，但是，你绝对不可以在考试的时候作弊，这不是技术问题，也不单是道德问题。在大学考试作弊一旦被发现，后果通常无法挽回。考试挂科，可以重考，也可以重修，这些都是你弥补失误的机会，但作弊可就没那么简单了。所有高校对于作弊都有专门的校规校纪，轻则警告，重则开除，而且处罚决定做出之后还会在全校公示。

在学校，你会看到，平时不管多么懒散的家伙，期末会突然对学习狂热起来，起早贪黑很正常，熬个通宵也不罕见。自习室、图书馆，这些平时就得占座的地方，到考试前座位就更紧张了。梧桐树下、小花园里，这些地方平时大家都让给了小情侣，如今谁管你们，背我的古代汉语、英语单词、数学公式才是王道。临时抱佛脚很重要，不过，要注意，也得用对方法。大学的考前复习和突击，有一些技巧。

①考试前的最后一两节课，千万别逃课，要打起十二分的精神。老师一般会提示考试范围、考前复习的重点和难点，以及考试中应注意的事项。

②在考试前几个星期，就应该制订详细的复习计划了，接着的重点是尽可能避免拖延，如果到考试前几天才发现自己还有好几门功课没复习，真的会让人崩溃。

③跟学长学姐们了解往年的考试内容，大学老师往往有自己的命题风格。考试的题目大部分不会超出你所学的范围，而且很多题目都是原题改编的。所以，你要专注在教材里，多做典型例题。

④在复习的过程当中，先把简单的掌握牢固，再集中攻坚。实在有不清楚的地方或者弄不懂的题目，可以先把题目死记硬背下来。

⑤复习的时候一定把手机收起来，不然你会发现一天下来，太阳从升起到落下，你的复习可能还没开始。时间都去哪儿了？被手机偷走了。

考试月的学校自习室绝对是一道独特的风景，很可能让你毕业很久以后都还津津乐道呢。

3. 奖学金

如果能获得奖学金，那么一来可以补贴自己大学的学费、生活费，二来也是自己大学生涯的一项荣誉，在有保研、留学、就业需求时，可视为加分项。

（1）大学奖学金的类型及申请条件

①国家奖学金

本科生每年8000元，并颁发国家统一印制的荣誉证书。

资格要求：二年级及以上年级（特殊学制的学生，根据当年所修课程层次确定参与相应学段的国家奖学金评定）；学习成绩排名与综合考评成绩排名均位于前10%（含）；学习成绩排名与综合考评成绩排名在前10%~前30%（含）的学生，其他方面表现突出。

申请基本条件：具有中华人民共和国国籍，热爱中华人民共和国，拥护中国共产党的领导；遵守宪法和法律，遵守学校规章制度；诚实守信，道德品质优良；在校期间学习成绩优异；创新能力、社会实践、综合素质等方面特别突出。

②国家励志奖学金

每人每年5000元。

奖励对象：普通本科高校和高等职业学校本专科生在校生中品学兼优的经济困难的学生。

申请基本条件：热爱社会主义祖国，拥护中国共产党的领导；遵守宪法和法律，遵守学校规章制度；诚实守信，道德品质优良；在校期间学习成绩优秀；家庭经济困难；社会能力、工作能力较强，有一定的群众基础；无其他不良嗜好和不适合该荣誉称号的表现。

③省级奖学金

由于各省份不同，金额会略有差异，一般分为一二三等奖学金，金额大致在几百元到几千元不等，每个班都可能会有名额。省级奖学金也是择优而定的，要求在校期间学习成绩优异，同时也和综合评测的成绩也有关系。

④校级奖学金

这个奖学金分成一二三等奖，金额从几百元到几千元不等，标准因学校不同而有所差异。

⑤其他奖学金

其他还有一些奖学金，比如名人捐赠奖学金、企业捐赠奖学金，校长奖学金、创新创业奖学金等。每所学校设置不同，名目众多，申请要求也不同。具体可参见本学校的标准。

（2）拿奖学金的促进项和阻碍项

想拿奖学金，请注意以下几个方面。

一是提前留意各种奖学金的申请时间和流程，确保不错过。一般来说，辅导员会通知提醒，收到通知时一定要予以重视，积极响应，可不能指望别人把这么好的事情送到你的眼前，还逼着你尽快去申请。

二是确保各科成绩表现优异，关注自己的GPA（平均学分绩点）。虽然奖学金评定并不只看学习成绩，但作为学生，学习好是前提。

三是多参加各类校内校外竞赛活动、社团活动、学生组织（如学生会），确保自己的综合素质评定优秀。

四是可以多考一些专业证书，会有帮助。

五是一定要重视锻炼身体，注意学校的体测要求。体育评估不合格，可能会让你与奖学金擦肩而过。

如果出现以下情况，你可能与奖学金无缘。

挂科。

违纪行为。

要注意的是，奖学金是需要自己申请的，需要准备对应的材料并提交申请表，具体流程以学校的通知为准。如果忘记申请就相当于弃权，所以一定要关注学校的通知，并积极准备。

4. 技多不压身的考证达人

离开大学进入社会，除了一纸文凭还有什么能证明你的优秀呢？对，各种证书。于是，也就有了大家趋之若鹜的考证风潮，仿佛不拿上几个证书，就总觉得自己不够努力。

要不要考证？要考哪些证？我们把大家最常关注的证书分为3类：建议必考的、有余力可以考的、根据专业和特长个性化选择的。

（1）建议必考的证书

大学英语四、六级证书，其重要性之前已经在前面专门讲过，这里不再赘述。

驾驶证，是必备技能，建议趁大学期间有相对充裕的时间，早考驾驶证。

全国计算机等级考试二级证书，是证明大学生计算机基本技能水平的证书。同时，Office等办公软件在工作中很常用，趁着考证好好学习，是有必要的。

（2）有余力可以考的证书

教师资格证。当老师一定需要，不当老师也用得上。

普通话水平测试等级证书。该证书是证明应试人普通话水平的有效凭证。

（3）根据专业和特长个性化选择的证书

会计专业技术资格证书，尤其是会计、财务管理、工商管理等商科类专业的学生建议考。

法律职业资格证书，法律职业资格考试被称为职业资格考试当中难度最大的考试之一。但是正因为难考，所以证书的含金量也很高。

以上是在校期间大家可以关注的证书。到毕业之后，你会发现你依然要面对很多的证书考试，这里不为大家一一列举。

不管是现在还是将来，我们都建议大家理性看待考证这件事。既不要为了证明自己不随波逐流而对应该考的证书不屑一顾，也不要为了缓解焦虑而见证就考。具体考哪些，在什么时候考合适，都应该经过自己的思考。尤其是专业类证书，耗时长、难度大，如果你真有这方面的想法和需求，再难啃的骨头也得啃下来；如果完全没有需求，就不用为难自己。

证越多越好，这绝对是一个误区。每考一个证，总是要花费时间、精力准备，与其把精力分散在考各种自己用不上的证书上，不如把它集中在一两个方向上，学出深度。

大学生作为成年人，首先要学会的是思考，然后是选择，必要的时候要学会放弃。考证的结果应该是你越考越有信心，而不是越考越迷茫，切忌浮躁。

5. 宝藏图书馆

大学校园里，最宏伟的建筑，往往不是行政楼，也不是学生活动中心，而是图书馆。大学的图书馆经常是独立的一栋楼，是信息荟萃的知识殿堂、文化传承的重要场所。有个说法是，要评估一所大学是否用心办教育、是否具有影响时代的能力，看学校的图书馆就知道了。

不仅每所大学都有图书馆，有些大学的院系还有专门的图书资料室。大学图书馆除了设有藏书室，还设有阅览室，如报刊阅览室、工具书阅览室、社科类图书阅览室等。你不妨先去图书馆看一看，弄清楚怎样使用电子检索系统，怎样浏览图书馆新进的书目，阅览室有哪些图书类别，每次可外借书的册数，续借要求，怎样预约书籍等问题。

至于如何利用图书馆，给你的建议是：不妨把图书馆“坐穿”！有个同学，大学四年来只要没事，几乎每天都去图书馆，而且每天都坐在同一个位置上，那个位置还被他们学院的同学戏称为“某某专座”。大学四年，他不仅每学年都能拿到国家奖学金，还发表了好几篇高质量的论文，最后成功保研到国内排名前三名的学校。确实，不是每个人都能像那个同学一样有恒心有毅力，但大学里有大把的课余时间，与其用来宅在宿舍玩游戏、追剧，还不如用来泡图书馆，这绝对是一项更令你身心愉悦的活动。

图书馆首先是专业的学习场所。大学老师讲课不再那么细致入微，很多知识需要你自己动手去查阅与探索。以前老师教你“1+1=2”，你记住便可以了，但大学老师会问你：为什么“1+1=2”？怎么就不可能等于3呢？而这些问题的答案，可能就在图书馆浩如烟海的藏书中。如果你带着这样的疑问泡图书馆，时而会感到苦闷、烦躁，因为你找不到答案；时而会喜形于色、手舞足蹈，那是因为你终于发现了“1+1”的玄机。

除此之外，图书馆还有休闲娱乐功能。图书馆中不仅收藏着各门类艰深的学术专著，而且收藏着很多时代感很强、颇具休闲意味的作品。很多学校的图书馆借阅排行一直以来都是小说居于榜首。不知道你以后是不是也要为榜单贡献借阅量。无论你喜欢言情还是玄幻，武侠还是悬疑，总能在这儿找到宝藏。

如果你稍稍留意学校图书馆主页，你会发现图书馆还提供很多免费的电子资源和其他服务。第一，多媒体资源。比如经典的电影、纪录片，甚至还有部分课程资源，比如有的学校会购买英语考试培训课程，如果想准备雅思、托福考试的话，多去图书馆找找资源能节省很多学习成本。第二，电子书资源。第三，提供的学术资源，通常是以数据库的方式提供。一般来说，大学生较常使用的是中国知网，如果要写学术论文，这是查阅资料的数据库之一。第四，馆际互借、文献传递服务。通过这些服务，你可以阅读到其他图书馆的书，获得其他数据库的资源，手续可能烦琐点，但你可以获得本校不能直接提供的资源。你可以通过参加图书馆的培训、查看相关介绍等，了解相关资源的获取方式。

当然，高校图书馆还可能会给你提供勤工俭学的机会。图书馆虽然使用电脑和机器设备进行管理工作，但是许多岗位的工作（排书、归档、分类、编目等）还是需要人工来完成的，这不仅让你有机会赚笔生活费，也是你督促自己多看些书的好机会。

6. 学习不仅限于校园

从获取知识的角度来说，在这个时代，学校的围墙已经形同虚设。不在教室里的同学，通过网络和你听同一堂课，可能比你在现场还认真。这也就意味着，你虽然身处校园，但你可以享受的学习资源远远不止于此。信息化的发展，网络的普及，让学习的持续性、延展性、广度和深度都变得有无限可能。当然，前提是你想学。

下面介绍一些补充学习的网络资源。

中国大学MOOC（慕课），是国内优质的中文MOOC学习平台。用户可以免费学习来自各名校的精品课程，各种专业都有，很全面。网址：https：//www.icourse163.org/，有手机App。

网易公开课，汇集了清华、北大、哈佛等世界名校的各种课程，有通识课、专业课，也有很多个人提升的课程。网址：https：//open.163.com/，有手机App。

Coursera，是全球最大的在线教育平台。课程结束并通过考核的话，还可以获得完成课程的证书，证书具有一定的含金量，为一些知名企业所认可，对以后求职就业有一定的帮助。网址：https：//www.coursera.org，有手机App。

B站（bilibili），是非正式的学习平台，但也是当下中国年轻人高度集聚的文化社区，其内容包罗万象，从娱乐、时尚、动画、番剧、国创，到音乐、舞蹈、游戏、科技，应有尽有。

知乎，以问答为沟通形式的原创内容平台，聚集了多领域的创作者。当你需要直接针对某个问题提问或搜寻问题答案时，知乎是不错的选择。

帆书，读书、听书的平台。阅读无疑是我们学习的重要途径，但现在图书类目繁多，在时间有限的情况下，利用碎片时间听一些优质的图书精华内容，也是很好的选择。

利用好这些资源，你的学习路径将变得更宽广。网络课堂的最大好处是不受时间、地点的限制，而且大多数的网络课堂可以重复多次收听、观看，个人可以充分发挥自主权，选择自己喜欢的课程，自己掌握听课的进度，更可以省下不少交通费、住宿费和宝贵时间，学习效率更高。但最大的弊端就在于，如果个人主动性差，很难跟随网络课堂的节奏坚持下去，很容易最后不了了之。

在大学，我们还得学习如何深入地学习和研究一个你关注的话题或课题。大家日常最喜欢的搜索知识的方式就是求助网络，网络平台搜索出来的内容很丰富，但内容的专业度、精准度就得靠自己判断了。这就像是一张鱼网，一网下去，可能会捞上来很多东西，但不一定都是你计划捕的鱼。

当我们要进行一些专业知识的研究和学习时，有很多提供专业性的科学研究成果的网站可以供你挑选。一般来说，知识服务类网站除上面提到的中国知网，还有万方数据、维普网等。你可以查阅自己学校图书馆的相关页面，进入相关网站进行资源查找。除了国内的网站，还有国外的网站，如Web of Science、CSSCI数据库等，可以供你了解国际学术前沿。还有专业性的学术论坛，如小木虫论坛，这些论坛的好处是可以给你提供很多资讯，让你保持对专业领域的敏感度。各个专业都会有自己的学术阵地，这方面的信息你可以通过询问老师与学长学姐获得。

其他建议

* 远离那些在大学里混日子的同学。
* 如果你对未来感到焦虑，很正常；解决焦虑最好的方式是行动。
* 什么都没想清楚前，先好好学习，好好学习什么时候都不会错。
* 上课多坐前排，让老师对你有印象，对很多方面都有帮助。
* 教室、图书馆、操场，去哪儿都好，少待在宿舍。
* 逃课这事，有一就有二，别轻易开始。
* 觉得英语能力差可以被其他方面的优秀弥补的人，大多数到就业时就后悔了。
* 教材可以不在学校统一购买，在网上或学校跳蚤市场买二手的更便宜。
* 大学学习，稍加努力就可能拿第一。
* 坚持看看书，实在不行，看纪录片也行。
* 不用为了学习买iPad、电纸书阅读器等，电子设备不是学习的必需品。
* 当同学邀请你出去放纵一下的时候，学会听别人的建议，做自己的决定。
* 应该佩服每天早起的人，最完美的是，你就是那个人。
* 别相信厕所里“四六级包过”的广告，信自己更靠得住。
* 选课的时候，拼的就是网速，为了选到心仪的课程，可以提前寻找网络信号好的地方。

过来人说

罗先生 重庆交通大学 信息管理与信息系统 2013级
自媒体运营

给大学生的建议：

人生的分水岭从大学这会儿就开始了，想要未来更好，尽早好好学习，路都是自己选的。

采访内容整理：

我上大学住的寝室是一个混班寝室，寝室里有来自不同专业的同学，有物流专业、工程造价专业、计算机专业，还有的是不同年级的。

从上大学开始，我们寝室同学的基本状态就是游戏为主、学习为辅。为了玩游戏，昼夜颠倒、逃课都是常态。最夸张的是我的下铺，9月开学，12月他才去上那学期的第一节课。最高纪录是到网吧连续上网72个小时。

我没有他那么夸张，但基本把所有对自己的要求设定在底线，比如熬夜，但不至于把自己熬进医院；逃课，但不至于被开除；不学习，但考试前还是要花点时间复习，60分万岁，不至于挂科。

当时学校的很多同学都是类似的状态，所以我丝毫没觉得这样有什么不对。到了毕业，大家都正常找工作，有的跟专业相关，有的跟专业无关，反正总归有个事情干起来，大家都成了庸庸碌碌社会打工人中的一员，大学这一段儿就算过去了。

直到近些年，看到寝室的另一个比我们低一级的学弟的现状，我才开始有些不同的感悟。这个学弟大一、大二的时候，没有我们其他人对游戏那般痴迷，但也没有表现出对学习的极度热情，算中规中矩吧。快到大三的时候，不知道是何原因他决定要考研，于是开始奋发图强，也不怎么跟我们玩儿了，大量的时间用在学习上。他在大学的专业是工程造价，然后考上了重庆大学的研究生，之后又考上了荷兰一所大学的博士生，现在在美国的康奈尔大学任教，还时不时地以学者的身份出现在大型专业研讨会和新闻中……虽然寝室同学聚会，他表现得很低调和谦逊，但是我们所有人都知道，我们已经走在不同层级的路上。

其实，在这个社会上，比自己厉害的人有很多，知名企业家、科学家、专家学者并不少见，只是，从前总觉得这样的人离自己很远，从来跟自己就不是一个世界的，所以也就没觉得有什么。而这个同学，之所以会让我触动，是因为我们是在一个屋檐下待过几年的，我知道他并没有什么特别的家庭背景，智力也并不超群，是各方面都普普通通的一个人，但现在，他明显走在了让我们仰望的路上。回想起来，这条路，从他决定为考研而努力，而我们依然沉迷在游戏里的那一刻，就已经不一样了。

我也曾经问过他当时的想法和规划，其实所有路径也并非他早就设定好的，而是在他坚持努力学习的路上，机会才不断地涌现，路径才越来越清晰。

我也不知道如果让我再上一次大学，我会怎么选。很有可能我还是会跟以前一样，因为很多感悟也是到现在这个年龄，经历过了才会有的。如果有幸能预见未来，我应该会对自己要求更高一些，尽早想清楚自己想要的是什么，为此多努些力吧。

第三章
学习外的成长

当你还在高中的时候，就听说大学校园生活有多么的美好。最诱人的是，大学里有很多学生组织，你可以参与丰富多彩的活动，有能力的话，你甚至可以自己组织一场轰动全院、全校乃至全国的活动。你也可以选择去体验社会、体验生活，逐渐成为一个经济独立、精神独立的大学生。怎么样？是不是很感兴趣？

一、班干部再小，也是个干部

1. 班干部也要竞选

狼群有狼王，羊群有头羊，每个团队都需要领队，班级同样如此。不管高中阶段你是班干部，还是一名普通学生，在大学伊始，大家都站在同一条起跑线上。

刚进大学时，大家从天南海北聚到一起，谁也不认识谁，因此班主任或辅导员通常会先指定几位同学担任临时班干部，为大家做一些必要的日常服务工作，发发材料，传达一下通知。待正式上课之后，大家对校园生活逐渐熟悉了，彼此也有了一定程度的了解，班干部竞选便提上了日程。只要你是这个集体的一分子，有志于班干部工作，就可报名参加。不过那些临时班干部多少会占点儿先发优势，选民都是情感动物，临时班干部经常出现在大家面前，为大家做一些事，因此对他们来说已经较为亲近了。当然这也不是绝对的，即便辅导员指定你为临时班干部，你也不会理所应当地被选为班干部，关键是你得服务好大家。

到了竞选时，演讲很重要，有一篇好的演讲稿是竞选成功的基础。大家都是明白人，你如何恰如其分地将大家关心的问题解决好比喊口号更有效。当然更为重要的是日常的接触中你给大家留下的印象。如果你态度傲慢，说话不顾及别人的感受，那么即便你的竞选演讲再精彩，也不会打动大家。

2. 这个干部不好当

当班干部是吃力不讨好的事情，但在很大程度上说这是一种挑战，对个人成长是有好处的。从班长到生活委员，不同位置各司其职，也有不同的做事方法。小学的时候，袖章上的三道杠本身就代表了某种权威，小孩子对权威的服从感油然而生，那个时候大家唯大队长马首是瞻。进入大学，由于同学们基本上在同一个层次，彼此之间谁也不服谁，而且都到大学阶段了，大家对班干部权威的敬畏和服从感早已消失。如果说从前当班干部意味着有某种权力，大学里的班干部就只剩下服务了。服务周到便罢了，倘若发生什么疏忽闪失，不小心惹怒了“选民”们，等到下次选举，你就有可能被从班干部队伍中除名。

大学里，班主任或辅导员都不会频繁地与班上同学接触，甚至连班里同学的名字都叫不全。同学们也不会事事找辅导员，所以种种琐碎的事情就压到了班干部的肩上。班主任或辅导员一有什么事情，就会找到班干部，小到发通知，大到奖学金评定，以及毕业、就业等手续，都是由班干部上传下达。同学们一有什么事情不太清楚或者处理不了，就会寻求班干部的帮助，班干部即使自己处理不了，也要尽力而为。你还会发现，发出去的通知并不是每个人都会认真阅读，截止时间快到了，还会有同学跑过来问这个事怎样、那个事如何的。所以说，班干部真的很辛苦。

除了这些杂事，大学里班干部最重要的工作不再是检查教室卫生、维持课堂纪律之类的琐事，而是思考如何将班集体凝聚在一起。班级最重要的就是班级凝聚力了。班干部要学会软硬兼施，多和同学沟通，尤其是在大一、大二大家还不是很熟悉的时候，多组织班级活动，无论是出去聚餐唱歌，还是爬山郊游，只要有能将班级同学叫出来聚一聚的机会，都不能错过。

班干部还得善于调动班级同学的积极性。当学校有什么活动，比如文艺比赛、征文大赛，有时有点能力的同学不想参加各种活动，没能力的同学却想试试，导致班级无法取得像样的成绩。这对班干部的能力也是极大的考验，你得想着法子去调动那些有能力的同学展示自己，帮助能力不够的同学迅速提升。总之要殚精竭虑，做好班级事务。

3. 你可以收获什么

作为班干部，你可能费心管理了一段时间，班里同学还是一盘散沙，无论你组织什么活动，同学的积极性都很低，来参加的连一半都没有。等到申报优秀班集体时，你辛辛苦苦准备好材料，最后却无功而返。为了班上大大小小的事情忙碌，你牺牲了很多学习、休息的时间，甚至牺牲了与朋友相处的时间，最后什么也得不到，你可能会觉得不值得。

其实这些都是班干部必须面对的事情。你冷静下来想想，其实同学们还是挺支持你的。你组织的那次春游虽然只来了一半的人，但其他人基本上都在考试，也跟你打过招呼了。

班干部的工作需要至少三方面的能力：组织能力、协调能力、沟通能力，而这些能力，放大了就是公司管理人员必须具备的能力。担任班干部，必定对你这些能力的培养很有益处，因此一些用人单位非常看重毕业生的班干部履历，同等条件下，班干部和普通同学同时应聘一个职位，班干部的机会一般来说要大不少。所以，要坚信，以后成功的你会感谢现在辛苦的你。另外，当班干部建立起的人脉也是一笔不小的财富。所以，如果你当了班长，加油吧，别放弃，全心全意为同学们服务，等到十年、二十年后聚会的时候，你还是大家的老班长。

二、“混”学生会

1. 学生会都干啥

学生会，是在党委领导下、团委指导下，学生自我管理、自我服务的群众性组织，是学校联系学生的桥梁和纽带。学生会分为校级学生会和院系级学生会。

一般来说，学生会下设很多子部门，比如，秘书处负责监督检查学生会各个部门，以及学生会会议组织工作；学习部负责监督各班学习情况，举办有关学习类的比赛等大型活动；宣传部专门负责学校各种活动的宣传；信息资源部负责汇总各个部门的信息；文艺部负责举办文艺表演，如迎新晚会、联欢会、元旦汇演等；体育部开展校运会、篮球比赛等体育活动；生活部负责检查全校公寓宿舍卫生、纪律并评分；外联部负责联系外校学生会或其他学生组织，校内活动礼宾接待，寻求赞助等；组织部负责策划与组织各项学生活动，是学生会的中枢部门。各个学校及院系学生会的组织设置可能不同，可以事先了解一下各个部门的情况，再决定去哪个部门。通常来说，外联部、组织部、宣传部、文艺部是大一新生报名最多的几个部门，报名者所要经历的面试可能多达三四次，而报名冷门部门的新生少，报名者可能不用面试就能直接进入了。

拉赞助是外联部最常见的工作之一，因为学校一般只提供部分活动资金，资金缺口只能自己填补。尤其是院系学生会，资金支持较少，很多活动必须拉到赞助才能开展得起来。拉赞助这活儿颇有难度，如何与商家协商，正是考验你谈判能力的时候，但也没有你想象中的那么难，因为学生活动中会巧妙地植入广告，从双赢的角度说，多数的商家是愿意给予赞助的。学生会与商家是合作的关系，所以作为学生会成员，在与商家谈判的时候要将双方的利益绑定在一起，并且照章办事，在明确表达自己的合理意见的同时，也要能够倾听对方的要求，这样才可达成一致。

2. 学生会要怎么“混”

新生入学时都会有学生会的老人开展迎新活动，这个时候可以认识几个学长学姐，之后有什么问题就可以找他们请教咨询，一般对于大一新生的问题，他们是会很热心地回答的。和他们搞好关系，能够提前了解到不少学生会内部的情况。之后在报名的时候，就可以了解到很多第一手信息。

报名之后就等待第一次面试。面试主要是自我介绍，大部分情况下，面试官的问题就是围绕自我介绍的内容提出的。所以，实事求是非常重要，不要自吹自擂，过分夸大自己的学识和能力。建议面试的时候首先介绍一下自己的基本情况，然后谈一下你对这个部门的看法，再说说能为这个部门做的工作，最好有一些建设性的提议，这样面试官会看出你面试前有所准备，而且对他们的部门有兴趣，成功录用的概率会增大。

如果幸运地通过几轮面试，正式成为学生会的干事，就需要定期到学生会看看有什么需要帮忙的，表现积极一些。还要记住学长学姐的名字，向他们介绍自己，让他们尽快认识你。后续的各种活动也要认真积极参加，和同学们以及学长学姐多多交流，争取得到他们的认同。到最后，要让负责指导学生会工作的老师知道你并认可你，这样到大二或大三换届时基本就可以成功留任了。

3. 坚持带来收获

在学生会做了一段时间，你也许会发现自己总在做烦琐的跑腿杂事，比如搬桌子、拉横幅，还有组织团委的评比、暑期社会实践评比、表彰等活动，让你觉得重复枯燥。也许，你会觉得学生会各部门每周一次半小时的例会也没什么实质内容，浪费你的时间。

你可能因为各种原因开始思考，要不要继续做学生会的工作，我们的建议是当然要继续。

其实在学生会，只要你认真对待，认真做事，就一定不会无功而返。首先，学生会是学生自我管理、自我服务、自我教育的组织，一个活动从前期的筹划构思，举办时各方资源的统筹兼顾，活动现场处理突发情况、随机应变，到活动结束后反思总结、汲取经验，都是需要学生干部花心思、花精力去做好的。

其次，学生会是一个结识朋友的平台。学生会是校内最大的学生组织，它有各个专业的大学生。你可能在这里遇到能在你今后人生中指点一二的良师益友、一起征战的部门同仁，还有平时一起学习、期末一起复习的小伙伴，当然也有随叫随走的歌友、球友。因为学生会聚集的是全校范围内素质较高的一个群体，在这里，上进的你更能找到志同道合的小伙伴。而朋友对于你的一生是弥足珍贵的。

再次，在学生会工作具有更低的试错成本。相比于社会上的工作，学生会的工作或许是小打小闹，但你也因此有了很多历练、试错的机会。学生干部在尝试进行组织变革、筹办活动的过程中，可能会因为经验不足，不可避免地犯各种各样的错误，这些错误若是发生在步入社会后的工作中，有些是十分致命的，一旦犯错根本就没有弥补的余地。但学生会容错性高，其所带来的损失通常是可以承受的。

最后，在学生会工作的学生更容易获得评奖、保研以及留校的资格。优秀学生干部一般都是校学生会主席、部长等，获得这样的荣誉在评定奖学金和申请保研资格时有一定的加分。所以无论怎样的经历都不算严格意义上的“走弯路”，如果以上收获的某一两项正好是你想要的，那么学生会还是很值得你去亲身体验一下的。

4. 学生会满员进不去了，还能怎么办

可能因为各种原因，你错失了进入学生会的机会。没关系，大学校园并非

只有学生会这样一个学生组织，与它类似，由学校的相关部门建立、老师指导、学生主导的学生组织，还有很多。

例如，校党委宣传部下属，可能有校报编辑部、校电视台，现在很多大学还有自己的新媒体中心，通过官方微信、微博、头条号、抖音、视频号等新媒体平台，为学校宣传发声。还有隶属校团委或党委学工部的社团联合会、社会实践指导中心、校艺术团、勤工助学中心等。每个学校的组织设置不完全相同，但可以肯定的是都很多。如果有心想要寻找机会，多用心多留意，把自己的想法和目标跟辅导员沟通一下，获取更多信息和建议，努力争取就好。

三、社团：兴趣为导向

1. 社团是什么

社团与学生会之类的学生组织是有很大不同的。学生组织是具有行政职能的组织，而社团则是志同道合的人走到一起的团体。社团推崇的是能者为上，能力最强的人领导大家；而学生组织则比较讲究资历。社团的一切活动都要靠社团里的兄弟姐妹，学生组织则有学院与学校可以依靠。

如果你颇有文采，喜欢舞文弄墨，欣赏海子那些充满温情的诗歌，那么你可以在校园社团中找找有没有文学社；如果你喜欢唱歌，喜欢路灯下抱着吉他被团团围住的感觉，那么你可以参加音乐社团；如果你喜欢动漫，喜欢角色扮演鸣人、路飞，那么你可以参加学校的动漫社……每逢新生入学，都是校内各社团招兵买马的时候，你可以多多关注，免得在“百团大战”中，各种宣传招数弄得你眼花缭乱。

加入社团的条件不尽相同，有的需要缴纳会费，有的需要面试，也有一些可能对会费和面试都有要求，这通常取决于社团的运营思路和受欢迎程度。参加社团面试时一般会被问这样的问题：你还申请了学生会哪些部门或哪些社团？是否已被录取？这样的问题只是想了解你的时间、精力情况，如果你同时申请了很多部门和社团，但人的时间、精力有限，势必发生冲突，每个社团都不想自己的成员只是过来玩玩而不干事。

社团是由拥有相同兴趣的人组成的一个团体，社团活动中，大家不分院系、不分年级，因为同样的爱好走到一起。在社团举办活动的时候，有很多环节，都需要社员们参与其中，并不只是简单玩玩而已。在其中，你可以锻炼自己的活动组织能力、沟通能力和应变能力。如果每个人都献计献策，积极参与，让所在的社团做得更好，让活动举办得更成功，一定可以得到很多锻炼。

加入社团，你不但可以锻炼自己的能力，扩大自己的社交范围，还可能在其中遇到一两个知己。一旦加入社团，就尽量不要三天打鱼，两天晒网。坚持下来，你会发现更多的乐趣。

2. 怎么选社团

社团的门槛一般并不高，但选择社团不可草率，毕竟学校社团很多而自己精力有限。加入社团之前应对社团进行充分的了解，比如这个社团是做什么的，平时有哪些活动，对社员有哪些要求。思考一下你参加的目的是什么，是否适合，从中可以收获什么等，综合多方面的因素和条件，考虑清楚再做决定。一旦加入了，就最好能坚持积极参与，只有这样才会有所收获。

了解社团比较好的方法是咨询学长学姐，对于已经在学校生活了一段时间的学长学姐来说，学校的社团他们也基本了解，能够从旁观者的角度给你真诚、客观的建议，告诉你哪些社团不错，哪些社团尽量不要去。一般来说，大型社团或星级社团相对成熟，也更有竞争力，它们会给你提供更多机会。但同时你也必将面临一些压力。比如，你选择的社团未必会选择你，如果你无法达到它们的预期，或许你将会被无情地淘汰。

以下是几条关于选择社团的建议。

一是选择真正举办活动的社团。大学里的社团很多，水平也参差不齐，不排除有些社团打着招新的名义收取会费，但实际上举办的活动很少，加入这样的社团自然没什么意义。建议大家看看社团的成就，或者是听听可靠的建议，真正举办活动的社团才会给大家提供平台，参加这样的社团才能积累经验，对将来工作有帮助。

二是选择有确定岗位的社团。从对就业和保研有好处的角度上，这一点蛮重要的。每年都有毕业的同学，社团每年也都会注入新鲜的血液，如果在感兴趣的基础上，发现某个社团招新的时候带有明确的岗位，一定要尽快报名。因为在大学社团里锻炼自己，是一个很好的机会，成为“小池塘里的大鱼”要比成为“大池塘里的小鱼”更能锻炼自己，比如报名某个社团的社长、副社长等。

三是不要贪多。虽然加入社团能够很好地锻炼自己，但如果贪多的话，也许结果是在哪个社团都不能好好地展示自己，还不如集中精力在一个社团。而且想要考研的同学也要尽早做出决定，给自己充足的备考时间，只加入一个社团不会占用太多考研的时间，更利于考研准备。

四是如果加入多个社团，尽量选择不同类型、不同性质的社团。对于确实精力足够、爱好广泛的同学来说，加入2个及以上的社团也不是完全不行，这种情况下建议选择不同类型的社团。不同类型的社团能够给你带来不同的享受、不同的体验，学到不同的东西。

最后提醒大家，社团活动基于兴趣爱好开展，所以通常会比学习更吸引人，可别因为社团活动影响了自己的学习。

3. 怎么制订社团活动方案

社团活动都是团员自己组织的，你可以积极参与其中。刚开始加入社团时，你可以虚心地向老团员请教和学习，并积极为活动献计献策。等你对活动的组织程序基本了解之后，你可以尝试制订活动方案并将之付诸实践。

制订方案是第一步。千万别以为自己是神算子，什么东西都装在脑子里了，用的时候一拍就能出来。创意灵感往往倏忽一现，要想使你组织的活动条理井然、生动有趣，你就必须抓住这些灵感。

一般的活动方案需要有如下几个组成部分。

第一，方案名称。尽可能将之写详细点，如“某年某月某大学某活动方案”。这部分中规中矩写即可，无须标新立异。

第二，活动背景。这属于分析部分，包括为什么组织这次活动，活动的意义是什么，活动参与的人数、涉及的主要部门等。这些都应一一列清，做到一目了然方可，自由发挥的余地不大。

第三，活动开展。这是活动方案的主体部分，这部分内容力求简洁明了。这也是最能体现你创意的部分，比如会场如何布置，音乐何时响起，广告制作成什么效果，司仪聘请谁，等等。不过，也别光想创意而遗漏了细节。这里列了一份活动清单，以供参考：会场布置、接待室、嘉宾座次、赞助方式、合同协议、媒体支持、校园宣传、广告制作、主持、领导讲话、司仪、会场服务、现场气氛调节、接送车辆、活动后清理、合影、餐饮招待、后续联络。即便是组织一个小活动，也要方方面面考虑周全。

第四，资金预算。以上各项活动的开展都离不开资金支持，看一看社团的预算，计划好每一项开支，如果超过预算，那超过的部分可能就要你自己想办法解决了。

第五，应急机制。不怕一万，就怕万一。在组织活动的过程中，我们应准备好应急预案，以更好应对活动中的突发情况。

4. 你也可以成立自己的社团

如果你有某个兴趣爱好，并且想以这个兴趣爱好为核心聚集一帮人分享、交流，那么，你可以考虑自己成立一个社团。学校对社团都有设立、管理等方面的规定章程，按照规定走，成立社团也没那么困难。

但在这之前，首先，你需要明白的是你的社团的理念是什么，社团文化是什么。比如你要成立一个名叫青年财学社的社团。为什么要办这个社团？因为现在的大学生缺少财商知识，而且这种财商知识还会影响大家的就业、创业以及生活，所以，创办这个社团就可以与同学们分享理财知识，让大家意识到理财对生活的重要性。

其次，如何让社团受欢迎？最重要的是营造积极向上的社团文化，让社员热爱社团。社团中的每个人都有极大的意愿去学习自己感兴趣的知识，都勇于尝试自己没有做过的事情，并能够热心地将得到的知识与经验分享给周围的人。所以想要让社团焕发活力，你需要在这方面多下些功夫。任何事物都需要有了灵魂，才能有生机，而社团文化正是一个社团的灵魂。

最后，当身边聚集了一批志同道合的朋友之后，社长就可以开始计划下一步，即将社团做大做强。此外，社长还要做好筹划，在自己离开学校之后，能够找到优秀的接班人，将社团继续下去。

四、社会实践：接触社会

1. 值得被重视的寒暑期社会实践

每每临近寒暑假，学校都会发布社会实践的申报通知。让大家进行社会实践的目的很简单：提倡学生走出校园，真正去接触和感受社会，锻炼学生的能力，为学生走向职场做好准备。

说它值得被重视，是因为它经常被忽视。很多同学会觉得坐在教室里才是学习，社会实践不重要。它既不像学生会那样让人有荣誉感，也不像社团那样迎合兴趣，实在是让人提不起精神来。

然而，学校规定每个学生都必须要完成相应的社会实践，只是每个学校对社会实践的重视程度不同，对实践的次数和要求不同。就算学校要求不低，学生真要想蒙混过关，也是有办法的。不过，我们还是建议你认真对待，原因有二。长远来看，不管你参与的是什么社会实践活动，都是真实地走进了社会，如果你愿意认真体验，会得到在课堂中、书本中无法获得的感悟，还有可能到自己所学专业的真实应用场景中体验，这对自己后续的专业学习、职场适应都有实实在在的好处。短期来看，社会实践也算是另一个维度的评价体系，对学校一些评优评先的结果影响比较大。如果学生成绩好，同时社会实践表现突出，那绝对是有力的加分项；如果成绩不算拔尖也不差，但社会实践做得很出色，依然可以在综合评测中排名靠前，获得奖学金、保研等资格。

以下是社会实践活动举例。

一是开展社会调查活动。如组织同学形成社会实践小组，对区县的部分镇、村产业现状进行调查，分析产业结构，并写出调查报告。

二是开展文化辅导活动或者法律宣传与咨询活动。寒暑期中小学放假，一些中小学生处于无人管理的状态，大学生们可将这些学生集中起来，为他们提供托管协助和文化辅导活动，这是一种非常好的方式。法律宣传与咨询活动一般是法律专业学生优先选择的，既服务了广大民众，符合社会实践的要求，又能将所学专业知识与实践结合起来，用专业能力帮助更多的人。

三是开展便民服务。以小分队为单位在不同社区内设立家电维修、单车修理等便民服务点，尽己所能，努力践行青年志愿者的精神。

四是组织文艺下乡。由大学生艺术团组成文艺大篷车到村镇各社会实践基地进行巡回演出，丰富群众的精神文化生活。

五是宣传环保理念。组织学生积极参与诸如保护母亲河、垃圾分类科普等活动，进行生态环境调查，宣传倡导环保理念，参与治理环境污染等。

总之，寒暑期社会实践的内容形式丰富多样，多数以报告作为社会实践的成果，如社会热点问题调查报告等。社会实践多数是同班级、同院系的同学组成小团队，为了共同的目标一起工作，通常能够形成比较深厚的同学感情。

2.有钱味儿的兼职

兼职工作是双向选择的，公司有权决定是否录用你，你也可以决定是否接受这份工作。在面试的时候，你应该将自信表现出来。衣着得体、谈吐从容、举止大方，表现要不卑不亢、有礼有节，这样才会受到面试官的青睐。

关于兼职的好处，简单来说有以下几点：第一，解决经济问题。对于贫困家庭的孩子来说，经济是个现实问题。兼职最直接的好处就是你可以获得劳动报酬。拿到工资的时候，你肯定会很高兴，因为它是你辛苦付出的收获，有时能帮你渡过月底的经济危机。你身边会有一些同学能够依靠兼职支付自己的生活开销，甚至学费。第二，获得了学以致用的机会。兼职给了你提前实践的机会，在兼职中将所学理论与实践相结合，将所学知识转化为现实中的生产力会令你受益颇多。第三，锻炼了能力。选择兼职，意味着开始打工生活，要做好吃苦的准备。工作不是件容易的事。未经风雨的你，在工作的过程中能有很多收获，内心也能得到升华。

兼职是把双刃剑，有好处，也有坏处。有的兼职纯粹是把你当作廉价劳动力，比如发传单、做促销，除了拿到一笔过得去的报酬，体验到生活不易之外，并不能锻炼多少能力，更无法体现大学生真正的价值。兼职必然要占用你很多的时间，甚至是你学习和休闲娱乐的时间。倘若每月兼职赚到的钱不是很多，但你却要付出学业或健康的代价，这笔账绝对不划算。对于大多数人来说，大学是学习的重要阶段，你需要积累知识，开拓思维。即使你在兼职工作中尝到了甜头，赚了一笔钱，或者做兼职很出色，公司在你还在大二的时候就决定提前聘用你，你也不要以为你在兼职工作中找到了真正的人生方向。在大学中学业永远是第一位的，切莫“捡了芝麻，丢了西瓜”。

在兼职过程中提高自我保护意识，防止受骗。一位同学曾经接到一个兼职任务，工作内容是在新学期开学时向新生推销报纸，薪酬挺可观的。于是他决定接受这份工作，但接洽者要求他先行交100元作为保证金。之后他辛辛苦苦拉人组建推销团队，好不容易到了开学时，却发现对方根本没有来校园里推销报纸，还一直联系不到人，此时才发现被骗了。在选择兼职的过程中，大家一定要谨慎，只要是要求先付保证金之类的工作，统统不予理睬。

3. 关于家教

2021年7月以前，家教应该算得上是大学生普遍从事的一种兼职形式。很多人心里都有过“教师梦”，家教正好可以满足这个梦想。家长一般也喜欢聘请大学生作为自己孩子的家庭教师，在他们眼中，大学生是学习优秀和高素质的代表。对于大学生来说，做家教也的确是一个不错的选择。

但是，2021年7月起，家教可不是想当就能当的了。2021年7月24日，中共中央办公厅、国务院办公厅印发了《关于进一步减轻义务教育阶段学生作业负担和校外培训负担的意见》（即“双减”政策），在这之后，又陆续出台了相关的补充条款对“双减”政策进行补充和完善。与大学生紧密相关的是《关于进一步减轻义务教育阶段学生作业负担和校外培训负担的意见》中的第14条

“从事学科类培训的人员必须具备相应教师资格”，因此，不具备教师资格的大学生不能开展学科类培训。具备教师资格的大学生通过家教机构从事学科类培训也必须按照国家“双减”相关政策执行。相关政策中对学生进行学科类培训的时间、内容都进行了严格的规定。

也就是说，大学生想做家教已经不再是一件随意的事情了，有了一些约束条件。首先是要有教师资格证，教师资格证需要到大三才有资格考取，大一、大二的学生是不能考的。也就意味着在大一、大二时间最充裕的时候，你是不具备兼职做家教的条件的。

既然不能做家教，那就不做，还有什么好说的呢？我们觉得还真得说一说。因为虽然规定已经很明确了，但一些急功近利的家长依然对学科类培训趋之若鹜，“没有条件创造条件也要上”，一对一家教成为很多家长的选择。当家长给你抛出橄榄枝时，你接还是不接？这得选择。

如果大学生违反“双减”政策开展家教工作，会如何？目前看来，是违规，不违法。也就是说不会受到法律的制裁，但可能受到相关规定的约束和惩罚。如果是在职教师，惩罚可能是被学校开除，对于在校大学生的惩罚具体是什么，目前不确定。

所以，如果真面临选择，已经成年的你拥有最终的决定权，只是希望你是在了解以上情况下做出选择，而不是一无所知。

4. 离正式工作最近的实习

实习相比兼职来说，就正式得多了。实习单位一般都要求实习生每周到岗

3个工作日以上，有的甚至要求每天到岗，所以做实习的同学面临一个很大的问题是实习如何与学业平衡。大一、大二的时候课程比较多，时间也不充裕，如果此时去实习，一来很难兼顾到学习，二来你的知识储备可能也不够。当然，寒暑假有相对集中的时间，如果得到机会，找一份正式的实习工作也是不错的选择。到大三下学期，课程量相对较小，就可以开始着手找实习单位了。

实习的好处是可以让你提前体验工作的状态，使你明白如果以后从事这样的工作，你是不是喜欢，这份工作是不是适合你。做多份实习，可以让你在正式工作之前接触和尝试不同的岗位，从而挑选出自己真正想做的工作。等到大学毕业找工作时，优质的实习经历也会为你加分。企业一般倾向于找有一定经验的人，相比于其他毫无经验的毕业生，如果你有相关实习经验，那么你就具有一定的优势。

找实习工作的途径有很多，比较靠谱的是通过老师、辅导员和学长学姐介绍。他们的社会阅历相对较多，社会资源也更多，所以相对于自己投简历、找实习单位来说，他们的推荐可能会帮你省去笔试、面试的环节，甚至有时候通过他们的直接推荐你就能获得实习资格。其他的途径，比如学校或一些就业服务组织发布的实习就业信息也很靠谱，但需要自己投简历，有时候还有复杂的笔试和面试环节。一般来说，这种渠道所发布的实习信息时效短，可能今天发布出来，明天就找到合适的人选了，所以看到这样的信息你要赶紧投递简历。如果你暂时得不到推荐或学校提供的实习资源，那你就得求助于求职网站了，比如应届生求职网、大街网等。这些网站面向的对象广泛，可能你投一百份简历才有几个人回复你，两三个月之后才收到公司的电话通知也是常事。在等待的过程中，你可能会泄气，但找工作时也会遇到这种情况，就当是提前体验了，心态放平和点。

另外，现在的实习单位，无论是政府部门还是企业，或多或少都会提供实习工资，每月500~3000元不等。做实习在充实自己软实力的同时，还多了份收入，何乐而不为呢？

5. 创业很刺激，但也不易

现今大学生创业问题受到社会各界越来越多的关注，在现今社会经济不断发展、就业形势不容乐观的情况下，创业也自然成了大学生就业的新选择。

大学生创业有自身的优势。首先，大学生对未来充满希望，他们充满激情，有“初生牛犊不怕虎”的精神，而这些都是一个创业者应该具备的素质。其次，大学生在学校里学到了很多理论性的东西，有着较高层次的技术优势，“用智力换资本”是大学生创业的特色和必由之路。一些风险投资家往往就因为看中了大学生所掌握的先进技术，而愿意对其创业计划进行投资。再次，现代大学生有创新精神，有对传统观念和传统行业挑战的信心和欲望，而这也往往成了大学生创业的动力源泉，成为成功创业的精神基础。最后，大学生创业的最大好处在于能提高自己的能力，增长社会实战经验，学以致用；最大的诱人之处是通过成功创业，可以实现自己的理想，证明自己的价值。

但是，由于大学生社会经验不足，常常盲目乐观，没有充分的心理准备。一百个创业者中可能只有两三个成功。大家以前看到的都是成功的创业例子，心态自然都是理想主义的。其实，成功的背后更多的是失败。对于创业中的挫折和失败，大学生可能没有充分预期，会在这个过程中感到十分痛苦茫然，沮丧消沉。但这才是真正的市场，这就需要年轻的创业者们变得更加理智。另外，大学生虽然掌握了一定的理论知识，但终究缺乏必要的实践能力和经营管理经验，也缺乏对市场营销等的足够认识，很多人对创业的理解还停留在美好的想法与概念上，急于求成，缺乏市场意识及商业管理经验。

所以，如果你的内心深处没有强烈的想要创业的念头，还是不要轻易去尝试。但如果你内心很渴望去创业，那就去做吧，不过一定要做好规划。刚开始，你可能只是摆地摊，做代购，或者卖小商品。但如果要将你的想法上升为一个商业项目，那么你就需要认真地思考怎么做创业计划书。不要侥幸认为仅用一个自认为很新奇的创意就能吸引投资，这样的事在今天几乎不可能了。投资人看重的是你创业计划的创新性、可行性和潜在市场，在多大程度上是不可复制的，以及市场盈利的潜力有多大。而对于这些，你必须有一整套细致周密的可行性论证与实施计划，绝不是仅凭三言两语就能让投资人信服并出资的。

既然创业，你就需要培养自己的市场观念，不能仅仅向投资人大谈自己的技术或产品如何领先与独特，却很少涉及这些技术或产品究竟会有多大的市场空间。你需要考虑目标市场定位与营销手段组合。其实，真正能引起投资人兴趣的并不一定是那些先进的技术，相反，那些能切中市场需求的产品或服务，常常会得到投资人的青睐。同时，作为创业者的你应该有非常明确的市场营销计划，可以强有力地证明盈利的可能性。

其他建议

* 不要以牺牲学习为代价去创业。
* 有些社团可能为了拉外联会承办营销性质的讲座活动，保护好你的钱袋子，最好不参加。
* 老乡会值得关注，只身在外，老乡算是很亲近的人。
* 不要把业余时间都用来刷短视频，可以想想在新媒体时代你能做点什么。

过来人说

李先生 广东理工学院 信息通信专业 2017级
电信行业工作

给大学生的建议：

大学期间我在不影响学习的前提下，做点兼职，挣点钱。我认为，别人愿意为我买单，是我劳动价值最直接的体现。

采访内容整理：

我上大学的时候，还挺“热衷”于挣钱的。

别人打游戏是花钱（升级装备），我就一边打，一边观察别人的需求，然后适时地入手一些装备，再卖出去，挣点差价。

我爸爸是做电信通信设备安装的，暑假的时候业务量大，我就给他打工，按天算工资，价格低于他找别的人，这对我来说算一笔收入。

寒假的时候，家附近的银行网点年初做集中宣传，我应聘做兼职接待员，不仅有基本工资，还按业绩有提成。

我不否认我是喜欢钱的，虽然我并没有很多花钱的需求，但是我觉得兼职工作是真正与市场打交道，而别人愿意为我付费，至少说明我是有真实的市场价值的。这对我来说很重要。

在兼职工作的过程中，除了钱，我也有很多其他收获。比如，虽然我们生活在信息时代，但在学校，我们并没有把计算机办公软件用明白。以前我基本只能进行最基础的操作，打字、做记录，但在兼职过程中，因为有了更高的要求，我不断加强学习，才发现如果用好了，它们能大大节省工作时间，提高工作效率。真实的工作需求会倒逼自己学习和进步。

因为有很多的兼职经验，毕业找工作时，我心里是不慌张的，对自己很有信心，面试过程也很从容。整体来说，我对自己的这段经历是挺满意的。

第四章

为谁欢喜为谁愁

当你啼哭着来到这个世界的时候，迎接你的人是谁？当你在人生路上悲喜欢歌的时候，陪伴你的是谁？又是谁贴近你的心灵，与你肝胆相照？当你抑郁、不自信时，你要如何处理这些不良情绪？那些你生命中必然会遇到的人，那些必须要处理的情感，需要你认真思考。

一、这是一个关系社会

1. 我和父母

不知道各位注意过没有，“妈妈”这个词在很多语言中的发音是相似的，“爸爸”也一样。这两个词是我们生命中最重要的词，因为没有父母，就没有我们的生命。爸爸妈妈给我们的爱，如天，如海，如大地，怎么比喻都不为过。

社会学把我们和父母组成的家庭称作原生家庭，原生家庭是不可选择的。上大学后，你算是在物理空间上离开了原生家庭，离开了父母，但心理感受是兴奋、开心、忐忑、难过，还是庆幸，这就因人而异了。

你可能很想念他们，想念他们在你耳边的絮絮叨叨，为自己曾经不懂事，在妈妈唠叨你衣服穿太少时不耐烦地捂住耳朵而愧疚。你会意识到你有多爱远在千里之外的父母，越发理解和珍惜父母对你的关爱。

你可能沉浸在没有人约束的自由、兴奋里，你不在家惹爸妈心烦，爸妈也不干涉你熬夜打游戏，大家都乐得自在。虽然这显得有些没心没肺，但却真实。

如果你的原生家庭生活因为各种原因并不愉快，那现在的暂时远离，可能让你感受到由内而外的轻松。说是逃离也好，躲避也罢，至少当下没有那么多压力和烦忧。

……

原生家庭千千万，所以离家的心态也不尽相同。不管你属于哪一种，不管过去父母的教育水平和方法让你感受到幸福还是痛苦，父母对你发自内心的爱都是不容置疑、不应被忽视的。

虽然你已经成年了，但在父母心里，你永远都是那个长不大的孩子。平时记得给爸爸妈妈多打电话、视频聊天。你不知道你走了之后，家里一下子就冷清了，他们的心也空落落的，你的电话多少能让他们有所慰藉，视频聊天也能有点见面的感觉。没事儿发个微信，哪怕说一声“爸妈，我睡觉了”，也能令他们做个甜甜的梦。别等着爸妈找你聊天，更别总是没有生活费了才记起要给爸妈打电话。

给老爸老妈买点礼物。虽然你还是学生，没有多少闲钱，但是礼轻情意重，送一些力所能及的礼物还是可以的，心意到了，爸妈也开心。比如，如果你打了一份工，发工资之后给老妈买套化妆品，或者你发了奖学金，给潇洒的老爸买件衬衫。这些礼物虽然并不昂贵，但它们代表了你的心意。当礼物放在爸妈面前，他们嘴上可能责备着“哎呀呀，花这个钱干吗”，其实心里早就乐开了花。不信，你看，第二天老爸就穿上了你买的衬衫，还打了领带，逢人就夸耀：“瞧，这是孩子给俺买的，多帅！”总之爸妈并不需要你为他们花多少钱，一份小小的心意就能带给他们心理上的快乐与满足。

多跟爸妈交流分享。步入大学后，你的认知在飞速提升，而爸妈可能还在原地。有一天你可能突然发现，原来在你心里高大伟岸的父母，如今好像有些跟不上时代，思想有些闭塞。这只能说明你在进步，但这不是你嫌弃父母的理由。多和父母聊聊你在学校的生活，你在外面的所见所闻。当妈妈给你转发她在抖音、快手上看到的各种鸡汤视频时，不要不耐烦。这些都是你开始成熟的表现。

我们在长大，也就意味着父母在变老。父母对我们的爱，温暖又深沉，值得我们用心呵护和珍惜。

2. 我和同学、朋友

进入大学后，交朋友跟高中时有很大的不同。高中时代，大家都在固定的班级，上课一起学习，下课一起玩，大家交流起来很方便，时间一久，自然而然就成了不错的朋友。但在大学，每个人选的课程不一样，有可能这节课你跟某个小伙伴一起上，下节课就跟另一个小伙伴一起了，下下节课就找不到小伙伴跟你一起了。刚开始你会不习惯，慢慢地你就会发现，大学这个环境让你很容易接触到天南地北的同学，交流不同的话题。在这个过程中，你会认识几个跟你有共同爱好的小伙伴，甚至发展成为很好的朋友。关于与同学和朋友相处，我们有一些建议给你，希望你和同学、朋友的关系既紧密又轻松。

（1）与人为善，真诚待人

真诚和善良是一个人最珍贵的品质，没有人喜欢跟满肚子坏水的人打交道，你不喜欢，别人也不会喜欢。即使没有很娴熟的人际交往技巧，一个真诚善良的人，人缘儿也不会差。真诚是发自内心的，表面真诚内心阴暗的人有，但这种伪装并不能持续太长时间，因为人都不傻。不把别人当傻子是我们对一段关系最基本的尊重。

（2）别把冒失当直率

有的人经常把“我这人就是说话直”这样的话挂在嘴上，仿佛只要承认自己说话直，就怎么说话都无所谓，这是极大的误区。真正的直率是以真诚为基础，但不代表可以说话不分场合，不考虑后果，不顾及他人感受。比如，在人前揭人短，同学确实个子不高，但也不能每天挂在嘴上提醒；好心办坏事，好心给家庭经济困难的同学送点东西，嘴上却说：“你家穷，东西你收着，我家不缺”，这叫冒失，不是直率。

（3）能帮忙时别犹豫

人是生活在社会集体中的，不管是现在还是未来，当别人有困难，而你又力所能及的时候，别犹豫，赶紧帮忙。当你遇到困难时会有多少人来帮你，就取决于你平时结下多少善缘。帮人不以回报为目的，但也会有回报。

（4）保留我自己

人与人是不同的，这个不同更多时候并没有好坏之分，就是单纯的不同，不同的价值观、不同的人生观、不同的处事方式。不同，就意味着我们不可能获得所有人的理解和认可，不可能和所有人在所有问题上达成一致。比如，你喜欢穿粉色的衣服，而另一位同学觉得这种颜色显得幼稚。我们一旦试图与其他人保持一致，就得去迎合他人的喜好，从而迷失掉自己。与同学、朋友关系好，没毛病，但任何人能与人相处好的第一要素是做好自己。你对自己的尊重和热爱才是别人认可你的前提。如果遇到总想控制你、改变你，让你跟他保持一致的朋友怎么办？很简单，那就保持距离，宁可失去一个朋友，也不能失去自己。

（5）明确界限

每个人都是一个独立的个体。人和人之间需要有一些界限，这个界限既包含生活上、物理上的界限，比如不随意到寝室其他同学的床上躺着，因为人家可能会介意，也包含心理上的界限，比如不对人家的隐私刨根问底；既包含尊重别人的界限，也包含坚守自己的界限。明确界限，并非让你刻意跟他人保持距离，不与人亲近，而是在交友的过程中留有底线，有底线的交往才会更长久。

3. 我和他（她）

到了大学，你很有可能会增加一个关系，就是和那个独一无二的他（她）的恋爱关系。恋爱关系不像血缘关系，对方会像父母那样对你无条件地包容，但会比朋友关系更亲密。

两个人初期都是因为从“远处”看到对方的“优点”而被吸引，但随着关系的拉近，越来越多的“缺点”被暴露出来。所谓相爱容易相处难，当两个人接近，原来距离所产生的美逐渐消失。你很委屈，恋爱前以为她是个脾气温和的女孩子，没想到只是因为自己忘记了恋爱纪念日，她一怒之下就摔了你的手机；她也觉得很委屈，恋爱前觉得你是一个志向远大的男生，可是慢慢才发现，你不是打篮球就是玩游戏，对未来生活根本没有规划，让她很失望。金无足赤，人无完人。恋爱过程中会不断发现对方的缺点，这很正常，关键是要用正确的心态对待。如果恋人的缺点触碰了你的原则底线，你就要认真考虑一下这份感情是不是值得继续下去。如果只是有一些生活上的小矛盾，就要多多体谅和包容对方。只有当我们能欣赏对方的好，也能接纳对方的不完美时，这份爱才是成熟的。

爱情，从本质上说，是一种付出而非索取，如果你认为你的恋人就应该为你服务，那么你不会得到一份美好的爱情。多为对方着想，天冷时女孩儿提醒男孩儿加衣，女孩儿哭泣时男孩儿拥她入怀，就是这些点滴小事在积累你们爱情的甜蜜。

在所有的关系里，恋爱关系可能是让你最刻骨铭心的。恋爱中的你，可能时而傻笑，时而失落，时而兴奋，时而痛苦，每一种感受都如此刻骨铭心，每一种感受都是一种经历，这也是恋爱的魅力所在。

二、值得深聊的大学恋爱

1. 要不要在大学谈恋爱

爱情，有可能成为你大学生活的一部分。你是不是在心里已经一千次、一万次想象过对方的样子，幻想过恋爱的甜蜜呢？但是高中时期爸爸妈妈和老师都苦口婆心地说不要早恋，到大学，还会有不少家长语重心长地说，大学千万不要谈恋爱，好好学习，找个体面的工作，这比什么都强。所以，作为乖孩子的你虽然很好奇，很想尝试爱情的滋味，但最后可能还是发乎于情、止乎礼，不作为甚至拒绝。

也有不少父母态度完全不同。大概是因为现在社会上未婚大龄男女成了一个老大难问题，不知急白了多少爸爸妈妈的头发。所以这使得一些开明的爸爸妈妈未雨绸缪，不再坚决反对在大学里谈恋爱，甚至鼓励你恋爱。你似乎也听说了，如今大学生恋爱早就是司空见惯的事。其实，大学新生的年龄一般在18岁左右，生理和心理都趋于成熟，自然也会有正常的恋爱需求。在很多国家，法定结婚年龄规定在18岁左右，甚至不乏更小的婚龄。大学生恋爱是非常正常的事情，甚至大学里还流传着这样的说法：如果上了几年大学临毕业还没有谈过一次恋爱，那绝对会被人笑话大学白上了，甚至还会被人视为另类。

反对大学生恋爱的人会认为，大学生生理虽成熟，但心理不成熟，谈恋爱更多的是满足生理冲动加心理空虚的需求。这样的恋爱值得信赖吗？天长地久、海枯石烂的誓言说得容易，但都是言情剧里的对白而已。

这种观点也不无道理。但大学依然是适合恋爱的时期，不掺杂现实和功利的感情，此时不谈更待何时？谈恋爱是有很多好处的。首先，大学恋爱有助于学生的情感宣泄，平衡学生的身心发展。进入大学，虽然环境要比中学自由放松得多，有大把的时间可以利用，但课业的枯燥、背井离乡的忧愁，都需要情感的宣泄和寄托。而恋爱，至少可以有人互诉衷肠，度过与亲情割裂的不适应期，类似于“抱团取暖”的效果。其次，恋爱锻炼学生的情智两商。因为恋爱过程中，从求爱到等待，从确立关系到深度沟通，都需要恰当的选择、判断和回应，否则恋爱就会遭遇挫折或者戛然而止，所以，如何拿捏感情的分寸，是大学生恋爱必须面对的问题，也是锻炼情商和智商的好机会。最后，恋爱可以让大学生人格更加健全。恋爱并不一定都会有圆满的结局，或者即使结局圆满，过程也会磕磕碰碰。如何处理失恋，或者在恋爱中如何处理双方的关系，是每个人都会经历的。在大学阶段，先经历一些这方面的历练，对于人格的形成和完善也是有益的。

当然，在大学里谈不谈恋爱，恋爱到底应该是“必修”还是“选修”，这本身不是问题。如果一见钟情，互相吸引，那么水到渠成，顺其自然，切不可为了恋爱而恋爱。不论选择恋爱还是选择不恋爱，都要忠实于自己的内心，忠实于自己的生活。不爱就安安静静守住自己的心灵，爱就勇敢接受，承担爱情中所有的欢乐与苦痛。最后不论结果如何，一段美好的爱情都能够充实你的大学生活，使你得到成长，也可为你留下一段珍贵的青春记忆。

2. 恋爱学业不冲突

在现实生活中，恋爱对大学生学业的作用分为两方面：一是恋爱关系处理得当，可以成为学习的催化剂，使你学习努力，成绩上升；二是恋爱关系处理不当，可能分散精力，浪费时间，情绪波动，成绩下降。确实是存在这两种情况的，然而我们相信同学们都是成年人了，应该学会掌控自己的时间，学会如何平衡恋爱与学业，乃至事业的关系。

恋爱关系确立，退却了热恋的激情之后，恋人们不得不考虑眼前的现实：上课、各种考试、论文等。你必须要意识到，努力完成分内的学业也是有利于恋爱的顺利发展的。学习可以成为恋爱双方的谈资，枯燥的书本知识从恋人的口中道出，原来也能那么可爱和有趣，感情可以成为学习的催化剂。在大学情侣中，不乏为了感情而努力奋斗的例子，而且由于恋人双方是同学，少了世俗的择偶标准，多了共同的语言和感情基础，使得感情更加牢固。

用爱情的力量促进学业吧。两个人都应该有这样的想法：我为了他（她）必须勤奋用功，提升自己的能力，以后共同创造美好生活。有条件时可以一起自习，前提是你俩别老腻歪在一起不看书，一起讨论问题，讨论不出结果的一起去问班里成绩更好的同学或者老师，不要害羞，为了他（她），一切都豁出去了！

如果因为恋爱，两个人学业退步，那当拿着成绩单面面相觑时，是否会有几分尴尬？应该不会有人希望看到“1+1<2”的结果吧。

3. 安全恋爱要知道

大学生谈恋爱本无可厚非，但恋爱中的男女切不可过度放纵，否则后果会非常严重，甚至会让你们无法承受。当今社会对大学生恋爱过程中的婚前同居、婚前性行为越来越宽容。性爱是情爱的重要生理基础，是爱情发展到一定程度自然而然的流露。但作为过来人，如果你们在大学里收获了一份甜美的爱情，还是希望你们对自己的行为有所约束。如果一个人是真正爱你，并且愿意与你长久地交往下去，相信他会理解和尊重你的选择。虽然大学生已经被允许结婚，但由于大学生没有经济收入，社会经验不足，大学生结婚的客观条件并不充分。相对于已经踏入社会的成年人，婚前性行为对大学生的危害更大。具体包括以下方面。

第一，心理落差对感情的冲击。对于婚前性行为，当事人的心理状态大不相同，事后它给女方造成的心理压力如恐惧、懊恼等会接踵而至。有些女生会因为害怕失去对方而变得过于敏感，从而导致双方矛盾加剧；有些男生则因为轻易得到对方的身体而不懂得珍惜。

第二，分手的伤害。婚前性行为会影响到两个人的恋爱关系。当性进入恋爱关系中以后，两个人往往会减少精神层面的交流，这样就不易发现彼此在性格方面的差距。等甜蜜期过后，两个人可能会突然发现原来对方并不适合自己。并且大学毕业之时，两个人有可能因为工作等原因不得不分手。在发生了婚前性行为的情况下分手，对于女方的伤害无疑是巨大的。

第三，有可能导致意外怀孕。意外怀孕会对女生造成严重的伤害。它不仅会影响学习，而且会给当事人造成极大的心理负担。对于孩子的问题处理不当，有可能造成终生的遗憾。

虽然我们苦口婆心地告诫你们，但仍可能有少数大学生情侣会因为一时冲动而意外怀孕。万一意外怀孕，该怎么办？

一定要告诉你最亲近、最信任的人。这时候你需要有人在你身边安慰你、照顾你。请假回家去吧，这是最好的选择。家长作为经验丰富的成年人，知道该如何恰当地处理此事。虽然爸爸妈妈起初可能会责怪你，但他们最终会原谅你，并会和你一起来面对、解决这一问题。

无论如何，如果你真的爱自己，就应该时刻不要忘记保护自己，安全恋爱很重要！

4. 失恋了怎么办

失恋的理由可能千奇百怪。性格不合、志趣各异，这都可能导致分手。其他还有诸如他总是跟哥们儿在一起根本就不爱我，她逛街太久我实在跟不上，等等，多到简直可以列一个分手理由大全。

但是，不管分手理由看起来多么荒谬，你都得承认，最终的结果是你失恋了。不管是友好分手，还是被迫离开，失恋之后，都要学会接受现实。失恋必然会多多少少给你带来一些伤痛，失恋后一蹶不振更是很多电视剧里用到的桥段。允许自己沉沦一段时间，但绝不能太久，爱情是生活的一部分不是全部。失恋后应认真总结经验教训，寻找自己的不足，找准自己在生活中的位置，让自己变得更好而不是萎靡不振、失去对事业和生活追求的志向和信心。在这里，给你几个应对失恋、摆脱失恋困扰的方法吧。

方法一：大哭一场。允许自己用哭泣为刚刚绽放的爱情之花送葬。眼泪能够宣泄内心的压力与苦痛。不管是躲在被子里悄悄啜泣，还是扑入闺密怀中失声痛哭，都可以。但是，哭过之后要擦干眼泪，向前看。哭多了不仅会伤身体，可能还会影响今后的正常生活。

方法二：找人倾诉。难过的时候，你可以找家人、朋友倾诉一下，尤其是那些有过类似经历的人，把内心的伤感释放出来，得到真诚的劝慰。同时你也可以听取朋友的意见或建议，所谓当局者迷，旁观者清，这能让你更清楚地认识这段感情，并让你学会放下。

方法三：自我心理调节，提高自己的心理承受能力。你不妨想想这些：爱情是重要的，但它不是生活的全部，只是你漫漫人生旅途中所要做的一件事，而你要做的事还有许多，如果一件事做砸了，就什么事也不想干了，这值得吗？爱情是两情相悦，勉强不得。如果勉强凑合下去，造成以后感情不和，又有什么幸福可言？只要自己坦然面对挫折，热爱生活，热爱事业，爱情终会悄悄地降临到你的身边。所以，你不应为一次失恋而抱怨人生、烦恼终生。

方法四：情感转移。失恋后要善于排解痛苦，及时把注意力转移到其他事情上。旅游、散步、听音乐、看书等对缓解失恋的痛苦也是有益的。

方法五：化悲伤为动力。作为新时代的大学生，可失恋不可失志，做生活的强者，不应在失恋中沉沦。相反，我们可以以此激发自己的事业心，把感情、精力投入到能充分实现自身价值的学业中和对生活的热爱中去，以坚韧的毅力去摘取学业成功的桂冠，从而将失恋造成的挫折，在更高的精神境界中得到补偿。

方法六：寻找下一站。许多人都说，要从旧的恋情中走出来最好的办法，就是开启一段新的恋情。过去的已经无法挽回，那就不要回头，勇敢地前进吧，前方会有下一段美好的恋情在等着你。

通过自身的努力，相信失恋的你可以很快从不良情绪中解脱出来。如果不良情绪对你的性格、生活、工作产生影响，就应尽早地进行心理咨询治疗。摆脱烦恼，才能再创美好生活。

美好的爱情是人生幸福的一个象征。尽管失恋是痛苦的，但快乐和痛苦的交织才是生命中动人的乐章。痛苦可使人成熟，促人成长，它也可以使你对恋爱有更为深刻的理解，这对将来的婚姻生活不无益处。最重要的还是要自己想开点，向前看。提出分手时，尽量选择友好的分手方式，祝福对方的同时也是祝福自己。被对方提出分手时，不要在意他对你的伤害。至少这次你知道了骑着白马的不一定是王子，还可能是唐僧。即便失恋，该吃饭时得吃饭，该睡觉时得睡觉，该学习时不能有丝毫马虎，千万不能因为失恋而耽误了正事。跌倒了爬起来，拍拍裤子上的灰尘，继续昂首挺胸地向前走。随着时间的推移，你会放下曾经的伤痛，寻觅到真正属于自己的幸福。

5. 婚姻是什么

“愿得一心人，白首不相离。”我们每个人的内心都有着这样一种渴望，希望能够找到生命中的那个TA，从此执子之手，与子偕老。大学成功谈上恋爱的情侣们，有没有一瞬间产生过结婚的念头？甚至很多校园小说里的男女主人公，偷偷从家里拿出户口本去民政局登记。看到这种情节，你是不是也蠢蠢欲动？

但是，婚姻岂能儿戏，尚未走出象牙塔的学生大多还乳臭未干，如何能负担起家庭的重担，经营好一个家庭？而且，毕业前后，很多情侣都会分手，毕竟学校和社会是存在差异的，双方进入社会后都会面临工作、异地、住房等现实问题，最终落得“无可奈何恋人去，劳燕分飞去无声”的境地。所以大学恋情最后能够步入婚姻殿堂的少之又少。想到这儿，你心里可能开始动摇了。

怎么办？你首先得明白婚姻是什么。婚姻的法律意义是男女双方以永久共同生活为目的，以夫妻的权利义务为内容的合法结合。而婚姻的本质在于彼此相爱，愿意永久共同生活。从这一点看，婚姻更像是两个人彼此承诺的誓约，与所谓的经济基础、感情长短并无绝对的关系，大学生“裸婚”也未尝不可。如果两个人的感情是真实的，结婚其实只是时间问题。以爱的名义，在法律许可的情况下，大学生结婚名正言顺。

有人认为婚姻是有很多变数的，二十多岁结婚的变数可能要比三十多岁结婚的变数大，尤其是在两个人成长不同步的情况下。因为三十多岁的时候，人的社会位置基本确定，也知道自己想要什么，这时候选择在一起过日子，产生变数的风险会小一些。但是从另外一个角度看，二十多岁的时候感情更单纯，早结婚可以早早地拥有比较稳定的感情和生活，是有好处的。而人到了三十多岁考虑得更复杂，诱惑更多，欲望更大，这些多少会影响感情的牢固程度。我们不得不承认，婚姻没有绝对的保障，婚前基础即使打得再牢，也可能分道扬镳，而“趁热打铁”的“闪恋闪婚”者也有可能一路携手到白头。

但话又说回来，大学生的天职就是学习知识、提升能力。大学生婚后所面临的压力可能远远大于结婚所带来的幸福，学业和经济压力、工作和生育压力等会接踵而至。所以大学生婚前还是应多与家人商量，考虑清楚，切不可意气用事。即使成为大学生结婚族，也要多多请教长辈和有经验的过来人，接受关于婚姻的建议，了解有关早婚的知识。

总之，结婚是你的权利，不结婚是你的自由，不论怎样，结婚是终身大事，切莫草率，做出选择之前，你要慎重、再慎重。

三、心灵沼泽

1. 我是谁

人的一生都在回答“我是谁，我从哪儿来，要到哪儿去”这三个问题。

当我们还在幼儿阶段的时候，我们的答案可能是“我是某某，我是从妈妈的肚子里来的，我要到游乐场去”；上学后，我们的答案可能是“我是某某学校的学生，我的目标是要考上某某大学”。而现在的你，又会怎样回答这些问题呢？

作为一名已成年的大学生，“我是谁”已经不能简单地用名字表示了，它代表的是我们对自己的定位，代表的是我们是否真的了解自己。我到底是一个怎样的人，擅长什么，不擅长什么，有哪些和别人不一样的特征。

要回答“我从哪儿来”，意味着我们得对过往做一些总结，包括过往的家庭、生活、学习，有哪些到现在依旧骄傲的事迹和品质，有哪些至今懊悔的失误和教训，发生过哪些可能会持续影响我们的好事、坏事。

“要到哪儿去”，这是目标，是个人成长的目标，生活、事业的目标，也就是我们想要怎样的人生。目标也许会随着时间的推移不断地修正，但总得有，才不会盲目奔跑。

建议你可以把这几个问题放在心上，也许你还从未认真考虑过，也许你思考过但并没有得到答案。没有关系，重在过程而非结果。当我们一直在思考和努力的时候，我们就已经在亲自书写我们的人生答卷了。如果依然感觉很迷茫，最好的方式就是先行动起来。在思考中行动，在行动中思考。行动是消除迷茫的一剂良药。怎么行动？从看完这本书开始，书中有答案。

2. 不骄傲，不自卑

曾几何时，你也是高中班级的佼佼者，人缘好，成绩棒，班级活动还由你一手操办，你俨然是众人眼中的“金孔雀”。因此，大学报到的第一天，虽然你努力保持低调，但其实谁都能感觉出来你的骄傲。你上挑的唇角，不经意流露的眼神，都泄露了你内心的高傲。

但是，你的骄傲可能很快会受到打击。你发现，那个来自杭州的女生不但漂亮，而且温柔如水，那眼睛活脱脱就是琼瑶笔下“如梦如幻的眸子”，班上十个男生有九个暗恋她，剩下那个是她男朋友。论学习，光高考尖子你们班就有两个，一个是济南市状元，一个是山东省探花，其他各类榜眼可以数半天。再说能力，班长出身的同学比比皆是，从小学到高中12年连任班长的都不少见。你第一次发现，原来太阳并不只照在你身上，比你更明亮的星星还有很多。你有点自惭形秽了。

当跷跷板开始向自卑倾斜时，你的自信心迅速下滑。课堂上，你开始畏首畏尾，不敢发言，你怕自己说得不好。你走过同学身边，好像听到了自己的名字，你立刻冥思苦想是不是自己哪里又出问题了。从自信的高点瞬间坠落到自卑的谷底，这样大的落差不是坐过山车那样的惊险和刺激，而是带给你恐惧和冰冷的感觉，甚至让你感觉万念俱灰。有的同学因此而自暴自弃，郁郁寡欢，自怜自艾。有的同学甚至悲观绝望，对人生产生怀疑。沉重的思想包袱不仅会摧毁你的自信，甚至可能摧毁你生存的勇气。

其实，世界原本就不存在百分之百的完美，断臂维纳斯之美就在于她躯体的残缺。每个人都存在自己的弱点，但这无法否定你自己独特的优势和魅力。你可以觉得自己在某方面是班里最好的，但不能说自己在所有方面是全世界最好的，所以不必自傲。同样，你也不会在所有方面都是班里最差的，所以不必自卑。客观认识自己的优点与不足，避免盲目骄傲与自卑，这才是你正确的选择。

3. 我自信，我美丽

有这样一个故事：珍妮是个总低着头的小姑娘，因为她觉得自己不够漂亮。一天，她买了一只绿色蝴蝶结，店主不断赞美她戴上蝴蝶结很漂亮。珍妮虽然有点不相信，但还是高高兴兴地抬起头来走路，好让大家都看见她头上的蝴蝶结。到了学校，老师和同学们对她都非常热情，还赞美她。珍妮以为是蝴蝶结的功劳，但是放学的路上她忽然从橱窗玻璃上看到自己头上根本没有蝴蝶结，一定是走出饰物店的时候碰掉了。到底是什么使珍妮漂亮起来的呢？是蝴蝶结还是她抬头挺胸的自信？世界上不存在绝对完美的人，也不存在绝对失败的人，除非你一直不自信而放弃努力。天生我材必有用，把哀叹自己一无是处的时间用在挖掘自己的优点和发现自己的美上，你将会成为一个自信而美丽的人。

你可以尝试一下：

勇敢地坐到最前面去。上课、开会以及参加各种公共场合的活动时，不要总往角落里钻。坐到最前面去，引起人们的注意，习惯人们的注意，这样的你站在聚光灯下就是光芒耀眼的明星。

尝试正视别人的眼睛。眼神躲躲闪闪的人，让人感觉是做了见不得人的事，怕别人看出自己的心虚。所以，纠正自己躲避别人注意的坏习惯，正视对方，不但能给你自己信心，也能赢得别人的信任。

走路速度加快。这是心理学研究得出的结论，一个人走路的姿势和速度与他的心理状态有关。遭受打击、被排斥的人，往往走路拖拖沓沓，让人感觉没有自信。所以你从现在开始抬起头来，收腹挺胸、昂首阔步向前走吧。增加的速度不但能提高你的效率，更重要的是能增加你的自信。

积极当众发言。当众发言是有自信的表现。每一个有自信的人都敢于也善于站在人群之前发表演讲，将他的自信传达给每一个听众，也能从听众的反应中增加对自己的肯定。不要担心自己的意见没有价值，也不用害怕被人笑话，你这样做最大的好处就是锻炼了自己。

学会对自己幽默。对着镜头做个鬼脸，笑一笑然后说一声“没关系”，这样会有效地帮助你走出心理阴影，重拾信心。

没有自信的人，如同插在没有水的瓶中的玫瑰；充满自信的人，即使是不如玫瑰美丽的蒲公英，也会因为有大地的滋养而充满生命的气息。

4. 我为什么总是不开心

自从上次你和班长因为春游的事情闹得不欢而散，你已经两天没有说话，三天没有笑容了。你怎么了？摸摸你的额头，没发烧。大家都很关心你，看你这个样子，宿舍的气压都降低了。你闷闷地说："没事儿，就是有点郁闷。"

郁闷是什么？就是心情不好。如果只是因为某些人、某些事而暂时不开心、情绪低落、心里难受，这没什么大不了。天气也不能每天都艳阳高照，时而阴、时而雨的，人的心情有好有坏，情绪波动起伏也是人正常的反应。确实不开心了，约上两三个小伙伴打打球、逛逛街、聊聊天、吐吐槽，或是去操场跑两圈出出汗，都是很好的改善心情的方式。

什么情况下的不开心需要被重视？如果这种不开心是长期持续的，怎么调整都走不出低落的情绪，干什么都打不起精神，那我们需要了解自己是不是患上升级版的郁闷抑郁症。

科普百科对于抑郁症是这样描述的：

抑郁症是现在常见的一种心理疾病，以连续且长期的心情低落为主要的临床特征，是现代人心理疾病最重要的类型。

临床可见心情低落，过得不开心，情绪长时间低落消沉，从一开始的闷闷不乐到最后的悲痛欲绝、自卑、痛苦、悲观、厌世，感觉活着的每一天都是在绝望地折磨自己，消极，逃避，最后甚至有自杀倾向和行为。患者患有躯体化症状，胸闷，气短。

每天只想躺在床上，什么都不想做，有明显的焦虑感。更严重者会出现幻听、被害妄想症、多重人格等精神分裂症状。

抑郁症每次发作持续2周、一年，甚至数年，大多数病例有复发的倾向。

所以，抑郁症确实已经是我们当代人不可忽视的病症。患病率不低，且后果很严重。

说这些，并不是让你草木皆兵、疑神疑鬼，但凡有一点不开心就怀疑自己是不是患上了抑郁症。真正会被确诊为抑郁症的人毕竟是少数，我们要有意识地接纳自己的情绪，学会调节自己的情绪。同时，如果状态确实不好，自己调节没有好转，比如出现以下情况时，我们也要有足够的警觉性，及时寻求专业帮助。

情绪持续低落。情绪低落主要是指跟过去进行比较，如果低落超过20%到30%，而且情绪低落的持续时间要在两周以上，那么就可能是有问题的。

兴趣减退。比如过去喜欢做的事，弹钢琴、逛街、踢球等，现在都不喜欢做了，可能就是兴趣减退。

精力减退。做事情力不从心，感觉疲乏，休息后也不能缓解。

如果你怀疑自己患上了抑郁症，可以先求助学校的心理老师，每所高校都配备有专门的心理咨询室和咨询师，不知道去哪儿找，就找你的辅导员，再根据心理老师的建议，进行下一步的就诊安排。

如果出现这种情况的不是你，而是你的同学，也请把这些信息告诉他，为他提供一些支持和援助。

5. 如何减压

除了郁闷，还有很多同学会感受到来自学习和社会竞争的压力。心理学家表示，在工作和生活中的压力可以引起人们在行为和认知方面的问题，如注意力集中不起来，容易发牢骚，工作效率下降等。处于高度紧张状态的人还容易变得迟钝，胃口不好，想喝酒和变得胆怯等。其他因压力太大引起的症状还有容易感到疲劳、磨牙、头痛、肌肉和关节酸痛等。当压力大到一定程度时，人的免疫系统会发生紊乱，从而让致病因素趁虚而入，引起疾病。因此，人们需要主动采取措施为自己减压。

（1）自我暗示法

自我暗示的方法有两种，第一种是正面暗示，简单来说就是肯定、肯定、再肯定。樱木花道的“我是天才”，漩涡鸣人大叫的“我要成为火影”，都属于此。这不禁让人想到了意念移物的神奇魔力。事实上，这是用重复强调来激发人内心积极的情绪，克服某些心理障碍的方法。第二种则是负面暗示，即通过否定达到肯定。比如，你很讨厌洗袜子，但是你的袜子已经穿了一个星期，再不洗就成为“杀人武器”了。你便可以对自己说：“洗个袜子没什么大不了的。我下铺的小胖都能洗，我可比他爱干净多了。”这是从战略上藐视敌人的方法。

（2）注意力转移法

说白了就是换换环境，换换心情，换换思路。人为什么会喜新厌旧？我不知道，但我知道这确实是人的本性。既然没法改，那就不如顺应它。如果脑子里总是想着同一件事，最终都会厌烦，那就赶紧换个话题。遇到烦心事了，越想越烦，越烦越想，陷入了恶性循环，怎么办？不如先打球去，然后冲个澡，再去食堂美美地来一大碗兰州牛肉面。户外新鲜的空气为你的大脑提供了氧气，运动为你增添了活力，然后那些烦心的事情你可能就不想再去考虑了。

（3）倾诉求助法

读过《祝福》的人，总爱用祥林嫂讽刺那些喋喋不休、唠叨不止的人。事实上，祥林嫂逢人便诉说自己的丈夫是怎么死的，儿子又如何被狼叼走了，她这样做完全是在潜意识地自救，因为倾诉是一种非常有效的减压方法。如果不是反复地将心里的伤痛倾吐出来，祥林嫂可能早就疯了。我们每个人都可能遭遇不开心的事情，积压在心底让它自然消解的过程非常缓慢。将不开心的事倾吐出来，心里的难过也会随着语言神奇般地消失。良友、知己、师长，都是你可以去倾诉求助的对象。对于那些实在难以启齿的事情，你抱着枕头说说也无妨。当然，你也可以静静地倾听他人的诉说，帮助他人渡过难关。

（4）娱乐

无论是下棋还是打牌，或者绘画、钓鱼等，去从事你喜欢的娱乐活动吧。当你沉浸在欢乐的氛围中时，不平衡的心理自然会逐渐得到平衡。举个例子，美国作曲家伊丽莎白就是通过画画治好了抑郁症，你也可以通过诸如此类的娱乐活动让自己开心起来。

（5）睡眠减压法

充足的睡眠是保证我们精力充沛、心理舒服的前提。但遗憾的是大多数大学生在步入大学后越睡越晚。如果没有充足的睡眠时间，也没有很好的睡眠质量，那么很容易影响到心情。所以，一定要为自己营造一个安静的休息环境，可以跟室友们好好沟通，每天早睡早起。如果对光、声音敏感的话，可以尝试一下使用眼罩和耳塞。条件允许的话中午也可以小憩一会儿，恢复体力。

（6）运动减压法

心情不好的时候，出去跳跳操、打打球，或者爬个山、游个泳，狠狠出一身汗，回来洗个热水澡，心情会舒畅很多。劳逸结合有助于减轻压力，及时消除疲劳，同时还会有效转移注意力，这样就不会感到郁闷了。如果没有时间运动，偶尔抽空进行伸伸腰、踢踢腿、做做深呼吸等，也是很有好处的。

（7）读书

坐在井底的青蛙只能看到那么一小块天，当有一片小小的乌云遮住井口时，青蛙就被吓得以为世界末日要来临。但只要它跳出去，就会发现整个世界其实正阳光灿烂、晴空碧蓝。因此，把你的视野拓宽，心胸也会随之开阔。读书是开阔视野最好的方式。开卷有益，多读书可以提高我们的智慧，让我们对自身、对生命有更深刻的认识，超越思想的局限。

6. 困难，我真的可以打败你吗

进入大学，我们的未来充满了无限可能，我们可以憧憬、可以畅想，但最终还得付诸实践，通过不断的行动一步一步靠近我们的目标。梦想是美好的，现实是骨感的，过程中我们总会遇见各种各样的困难。有这样一种说法，人活着，不论生活、学习、工作，就是不断遇见问题、面对问题、解决问题的过程。

话虽如此，当困难真的来临时，却是实实在在的不好受。比如要考普通话水平测试等级证书了，你浓浓的乡音却怎么也去不掉；想要竞选班长，可是一站上讲台就直哆嗦……脑子里有一堆别人克服万难、艰苦奋斗、跌倒了爬起来、爬起来再跌倒的画面，但搁自己身上，感觉那些坎儿永远也过不去。

这个问题上，我建议你一定要修炼自己的思维方式，打通成长型思维。这是让我们面对困难时勇于向前的利器。

具备成长型思维的人认为，所谓的天赋只是起点，现在的困难也只是暂时的，人的认知和能力可以不断地提高，通过努力，未来可以比现在更好。成长型思维的人不纠结过去犯的错，不受困于现在，只是不断地思考我可以做些什么让一切更好。成长型思维的人把解决问题、挑战困难的过程看作自己提升的路径，不仅不烦躁，甚至享受其中。

你看，不管解决问题的具体方法是什么，当一个人具备这种思维方式和信念时，他是不是会拥有无限的心理力量，面对一切困难？一个人面对困难垂头丧气，而另一个人却斗志昂扬，谁会更容易找到解决问题的方法，一目了然。

拿我们刚才说的竞选班长时紧张为例，思维固化的人会在大脑里不断想象自己站在讲台上，下面的人对自己指指点点的画面，不断体会着那种尴尬，然后越想越不敢上台。而成长型思维的人会看见，我过去从来不敢站在台上，但我憧憬着自己可以从容地站在台上侃侃而谈的样子。竞选班长，这是个好机会，只是如果我希望表现得更好，我可能需要把自己的演讲稿准备得足够充分，背得足够熟练，也许我还可以准备一个好看的课件，一方面有视觉感染力，另一方面也是对我演讲思路的提示，防止自己犯错。最后，我最好可以私下进行几次演练。这样，我应该会对自己更有信心。

有对未来的期待，就有通向未来的路。

所以，我们都会面临各种各样的困难，解决问题的方法可以千千万，重点是，你是否做好了迎接困难的准备，是否相信自己会更好。当我们从未来的角度倒回来看我们现在可以做点什么的时候，一切就豁然开朗了。

7. 你敢去做心理咨询吗

在我国现阶段，心理咨询在民众心里带有神秘的色彩，很多人对心理咨询是干什么的存在一些误解。比如，有的人认为只有患上心理疾病才需要进行心理咨询；有的人把心理疾病作为一个负面名词；有的人以为心理咨询师可以轻易地看透人的内心和命运，像算命一般……因为有这些误解，很多人即使出现了心理不适的症状，也会回避接受心理咨询。

心理学是一门研究人的行为和心理活动的科学。我们希望不断地了解自己，研究自己为什么会开心，为什么会难过，为什么会在特定场景下做出特定的举动。心理学发展初期，确实是把重心放在解决一些心理障碍上的。这个其实很好理解，因为解决问题是推动人类社会发展的源动力。随着时间的推移，现代心理学不仅研究人的心理失调问题和障碍，更关注如何帮助人们过得更好，获得幸福感。如果说以前的心理学研究致力于让我们的心理状态从-5到0，那么现在我们追求的就是从0到5，前者是解决问题，后者是追求发展。

心理咨询是心理学的一个重要应用，训练有素的心理咨询师通过专业的沟通、引导技巧，帮助我们更好地应对不好的心理状态，提升我们的心理承受能力。

读到这里，作为大学生，我们应该摒弃错误的思想，对心理咨询有一个正确的认知了。

哪些情况下，你可以或应该寻求心理咨询师的帮助？

遇到情绪问题，比如感觉到压抑、情绪低落、焦虑，觉得自己越来越暴躁，情绪不自控。

遇到情感问题，比如与父母的关系不好，和同学相处不融洽，失恋了自己走不出来。

遇到生活学习问题，感觉生活中有过不去的坎儿，学习压力太大。

遇到发展问题，对未来感觉茫然，不知所措，希望更客观地了解自己。

……

心理咨询可以直接帮你解决以上问题吗？并不能。心理咨询师并不能代替你去面对你的学习、你的父母，不能代替你去决定你的职业发展方向。但他可以用专业的方法引导你走出心理困局，增加你的心理能量，让你看到自己的优势资源，提升你的能力。

当你选择进行心理咨询时，你可以信任你的咨询师。心理咨询师的基础素养和伦理要求就是对所有咨询内容保密，且不作任何评判。所以你不用担心你压在心里难以启齿的秘密被其他人知道，更不用担心你把自己做的“坏事”抖出来，咨询师会对你有歧视。他的任务目标就是让你此刻的感受更好一些。

当然，人和人是讲缘分的，来访者和咨询师之间也是一样。如果某个咨询师让你不舒服，你可以提出来，可以更换咨询师。因为如果连基本的信任和舒适度都没有，咨询的效果一定不会好。

大学生要客观地看待心理咨询，不神化、不排斥，在自己需要的时候用好它。

其他建议

* 要与人为善，但不必讨好。
* 另一半不是追来的，而是吸引来的。
* 不管发生了什么，哪怕在外面捅了篓子，先回家，家是你最好的避风港。
* 当你可以接纳自己的不完美，才是真正意义上的长大了。
* 独来独往并不一定是不合群，也可能是因为找到了自己该走的路。
* 学会勇敢说“不”。
* 不能因为寂寞而恋爱，这可能会让你错过那个真正对的人。
* 室友相处，最重要的是尊重别人的生活习惯。
* 如果要让室友带饭，记得及时转账，不要拖太久，到时候说起来也容易伤感情。
* 不要见人就吐槽，没人愿意跟满是负能量的人在一起。
* 对于爱慕你的人，不管你接不接受，都应该感谢并尊重对方。

过来人说

李女士 四川大学 历史学专业 2009级
办公室职员

给大学生的建议：

大学期间，还是值得谈一场恋爱的，虽然结果并不一定都是美好的。

采访内容整理：

我和我老公是在大学期间认识的，算是阴差阳错吧，他其实不是我们学校的学生，而是其他学校的，我们在一次朋友聚会中偶然结识。但不知为何，从决定在一起那一天开始，我们好像就没想过“换人”这件事。一转眼也十几年了，过程里有幸福、有摩擦，酸甜苦辣都感受过，让人欣慰的是，任何时候，我们从未质疑过对方的真心。我个人觉得，这可能得益于我们的恋爱开始于大学期间，这个单纯的时期。我们单纯地相互喜欢，单纯地在一起，单纯地走进了婚姻的殿堂。这份单纯带来的坏处是，我们从未去考虑过两个家庭的匹配度，从未去考虑过有没有房、有没有车这样的现实问题，所以一切靠自己，两个人白手起家，过程还是有些艰苦的。好处是，这份单纯让我们都无二心，没有那么多的利弊权衡，一直单纯坚定地往下走着。每次看到很多同龄人在工作很多年之后谈恋爱和相亲，各种现实考量，最后难以为继，觉得自己就这么简简单单地确定了终身大事，不再为选对象纠结，也挺好。

我的大学里还有另外两个同学，在大学期间和班上的男同学恋爱了。有一对毕业后继续在一起，结婚、生子；而另一对则分道扬镳。结婚了的这一对，两个都是班里的学霸，大一、大二时两个人就分别是男生和女生中的佼佼者，大三时突然宣布恋爱了。当时他们恋爱的过程让我印象很深刻，因为在宿舍里我们经常听到两个人闹矛盾，而原因通常是男生忘记了他们恋爱的周纪念日、月纪念日，女生觉得自己被忽略了。对于两个一心扑在学习上，生活上“憨憨傻傻”的人来说，因为“纪念日”而吵架实在让我们有些不可思议。但这就是大学生的恋爱吧。两个人并没有因为恋爱而影响学习，相反，他们强强联合，最后双双保研成功，在不同的学校任教，成为我们班上的一段佳话。

另一对没有这么幸运。大学期间两人感情是好的，但临到毕业了，两人都得考虑自己的未来。最终两人选择了不同的城市，谁也不愿意将就谁，就此结束了这段感情，互相祝福。

没有任何人能预判大学的恋爱最终会是什么结果，但这个过程，我觉得是美好的，是值得期待的。

第五章
生活如此多娇

有人说，生活很简单，只要吃好、喝好、玩好就是幸福；也有人说，只有拥有高远志向的人生才是有意义的。不同的人有不同的生活观。或许前一种人更容易获得幸福感，后一种人更容易获得世俗的成功。但生活到底是什么，没有几个人能说得清。进入大学后，你也该静下心来追寻自己想要的生活，学着如何生活了。

一、娱乐休闲

1. 娱乐乐翻天

大学里的课业压力不会太大，所以你不会再像高中时那样每天沉浸在无尽的题海中，自由支配的时间也会变多。与中学时代“两耳不闻窗外事，一心只读圣贤书”的单调乏味相比，大学生活显得丰富多彩。你可以尝试更多的休闲娱乐活动。

比如唱歌。你也许没有机会成为歌星，但一定有机会成为麦霸。

比如跳舞。帅哥美女，浪漫之夜，霓虹灯闪烁，即使你天生动作不协调，灯光也能把你映照得摇曳生姿。

比如去听演唱会，和万千歌迷一起为偶像尖叫。

比如去看球赛，即便你不是球迷，也要“伪装”成球迷。

你还可以去购物、爬山、打球等，只要你能想得到，心有多自由，放松的天空就有多高远。

大学生活不在于量，而在于质。不过，请你给这颗自由的心系一根线，不要让它飞不回来。当放松变成了放纵，就偏离了休闲的本义。在这里，给作为大学生的你一些小建议：首先，端正娱乐心态，多参加有意义、积极的娱乐活动，修养身心，学习技能，提高自己的综合素质。其次，根据自己的实际情况以及环境因素等条件选择合适的娱乐方式，合理规划、科学健康地进行娱乐活动。

2. 赛场大本营

赛场竞技时，人的神经与细胞在高度紧张的状态下会变得更加敏感和兴奋。玩的就是心跳，要的就是那份刺激！暂时从枯燥的学习中解脱出来，跳进赛场中去掀起一场“运动风暴”吧！

运动会。学校一般每年都会举办运动会，无论你是长跑冠军，还是不擅长运动，都建议你参与一场运动会。发扬奥林匹克精神，友谊第一、比赛第二，重在参与。更何况这是一个融入集体、享受掌声和鲜花、结识朋友的绝佳机会。

球场风云。虽然很多女生不明白为什么男生都喜欢追着一个球跑来跑去，也搞不清楚什么是足球越位、篮球走步，但不可否认，大大小小的球类比赛吸引着许多人的注意力。你也选择一个吧，总有一款适合你！足球跑得太累？那就篮球。篮球对弹跳要求太高？那就乒乓球。乒乓球还不行？你还可以选择羽毛球。

校园歌手大赛。我在大学里认识的第一个帅哥，是一个获得“校园歌手”称号的小伙子。我至今难以忘怀的，是他在舞台上演唱《滚滚红尘》时，台下女生尖叫连连的场景。如果你在歌唱方面有一定的天赋，不妨去参加校园歌手大赛，它会助你迅速晋升为校园红人，让你魅力指数爆棚。

电子竞技大赛。如果你在电脑游戏方面确实高人一筹，那么你可以参加电子竞技大赛。

演讲比赛。如果你想锻炼自己的口才和胆量，那么参加演讲比赛是不错的选择。又或是参加主持人大赛，成为校园的“金话筒”。

辩论赛。比演讲比赛更考验口才和思维，更显帅气的，当数辩论赛了。正方反方一边整理自己的论点、论据，一边见缝插针地寻找对手的漏洞，酣畅淋漓。

3. 双休日及小长假攻略

双休日到了，离家近的同学可以回家，留守宿舍的也很开心，因为又有了可以自由支配的时间。星期六睡到日上三竿，醒来揉揉眼睛想想这两天该做什么吧。

你可以学习，为了长远打算，利用双休日的时间上个进修班，或者泡泡图书馆，把这周没完成的作业写完。

你可以休闲，彻底放松一下自己的神经。好久没有看综艺节目了，墙角的足球已经落了一层灰，周一买的杂志还没翻完，新上映的一部电影一直没时间去看……如果你的学习任务不是那么紧迫，不妨在双休日安排上述活动。

你可以打工，不管是为了充实钱袋，还是为了积累工作经验。

你可以和朋友聚会，好友已经有些日子没联络了，趁着周末出去遛遛弯儿，聊聊天，增进一下感情。

当然，你也可以恋爱，与恋人“鸳鸯双栖蝶双飞”，看个电影，逛个公园。

不论怎样，这盼星星盼月亮盼来的双休日，不要窝在床上虚度，那样不仅浪费了大好时光，还会长不该长的肥肉。学习、休闲、打工、社交……不论选择哪一种，都会让你的双休日更充实。只是，星期日傍晚，你一定要想想第二天有什么课程，要交的作业是否已经准备好，然后收拾收拾早点儿睡。

至于“五一”“十一”以及清明、端午、中秋这些小长假，加上周末调休的时间会有3~7天，比起双休日，这段相对集中的假期可以让你充分去做自己想做的事情。比如你想利用这段时间准备考试，或者阅读专业书籍扩充知识，没有平时诸多杂事的干扰，你可以有更集中的时间学习。或者你特别想家、想老爸老妈，你可以提前抢回家的车票，在家开开心心、舒舒服服地待上几天。

更多的人选择利用小长假出游。虽说在校大学生和工作族相比，有个很大的优势就是时间自由，不必在小长假出游，但其实大一、大二的课程还是相对紧张的，平时也没有大段的时间出游。因此，大多数的在校生还是会选择在小长假出游的。出游的地点根据假期时间长短和你的预算来选择，在学校所在城市及其周边地区旅游的交通成本不高，也可以充分了解当地的特色。有条件去更远的地方甚至出国的话，看看外面的世界也许会给你带来不一样的人生体会和感悟。旅游是件幸福的事，无论是大洋彼岸还是祖国的大好河山，相信总有你想去而没去过的地方。

4. 寒暑假攻略

期末考试一结束，归心似箭的大学生们便拖着箱子、背着行囊回家了。不管是坐了4小时飞机，还是挤了12小时火车，风尘仆仆到家之后，一定要先好好睡上一觉，休息休息。对于许多大学生来说，寒暑假是最佳的放松时机，没了中小学时的作业，没了父母“督学”的唠叨，真是难得的逍遥自在，同学聚会、上网、看电视成了最常见的消遣方式。

需要提醒你的是，在享受外面世界精彩的同时，千万不要忽视了亲情。离家半年，跟爸妈还有其他亲戚长辈都没有太多机会见面，寒暑假正是你们好好孝敬长辈的机会，多陪他们聊聊天，主动帮父母做点家务活，都可以增进与他们的感情，也会让你感受到久违的家庭温暖。另外，由于“应酬”的增多，同学聚会自然会比平时增多，这时就要注意身体。

还有一些人利用寒暑假的时间出去旅行，长达一两个月的假期，可以给你充足的时间走遍梦里的山山水水，感受大江南北的风土人情，增长见闻，丰富阅历。

当然，也有一部分大学生一心想在毕业时找份好工作，那么寒暑假就是你们大展身手的时候了。作为过来人，我们建议，大一的学生应以接触社会为主，初步了解一些职业，提高人际沟通能力；大二的学生要以素质储备为主，在实习生活中提高责任感和受挫能力；大三的学生就要考虑将来的问题了，有效利用寒暑假进行技能储备，可以有意识地学习职场生存技能，或是留在自习室准备考研和出国留学；大四的学生当然已经没有暑假了，要么处于工作状态，要么处于准工作状态。一般来说，暑假的实习机会比寒假多，尤其是到大三的时候，各大企业的暑期实习计划都会开启，如果想进入大企业，可以提前关注一下它们的暑期实习招聘计划，成为实习生，表现好的话可能会直接转正。

另外，各高校也会有寒暑期社会实践活动，利用假期的时间完成一份社会实践报告，也是非常有意义的。

其实，大部分大学生在寒暑假里还是选择待在家里，随父母走亲访友。但无论选择走亲访友，增进朋友、亲戚感情，还是选择外出旅行，丰富人生阅历，抑或选择给自己“充电”，增加社会实践经验，寒暑假都是值得珍惜的，等开始工作后，可就没有这一说了。

二、健身运动

1. 生命在于运动

生命在于运动，运动可以促进人体代谢，运动也是人们消除疲劳、预防疾病的重要途径。《吕氏春秋·尽数》说："流水不腐，户枢不蝼，动也。形气亦然，形不动则精不流，精不流则气郁。"而华佗更进一步指出："人体欲得劳动，但不当使极耳。动摇则谷气得销，血脉流通，病不得生，譬犹户枢，终不朽也。"诸如此类的论述都强调要重视运动。

科学研究还证实，运动可以强健我们的大脑，这对于现在靠脑学习、以后靠脑工作的你来说，可太重要了。运动可以激活大脑，为学习、思考等脑力活动做好准备，在运动后投入学习，效率会大幅提高。同时，运动可以释放压力，调节情绪。

运动方式不限，可以参加跑步、游泳、爬山、骑车等中高强度运动，也可以参加瑜伽、太极拳等低强度运动，动起来就很好。如果你喜欢户外运动，你可以去打篮球、踢足球、爬山、徒步，如果你不喜欢户外运动，就去健身房，或者直接在宿舍铺张瑜伽垫就可以满足你的运动需求了。运动方式的选择是因人而异的，不同层次、不同需求、不同生活环境和不同身体素质的人适合的运动也不尽相同。总之，科学合理而又符合自身条件的运动才能达到最佳效果。运动贵在坚持，坚持就是胜利，切不可三天打鱼，两天晒网。

当然，运动应谨记过犹不及的道理。科学合理的运动才能有效提高人体的新陈代谢，使各器官充满活力，从而延缓衰老。

2. 打造健身计划

（1）“坐族”的健身计划

上课坐、吃饭坐、上网坐、聊天坐，比起体力劳动者，我们坐着的时间实在有点多。久坐不动，身体对心脏工作量的需求减少，可能导致健康问题。

久坐的人可根据个人爱好选择散步、慢跑、打球、登山、游泳、有氧体操等锻炼方式。腿部的锻炼要加强，无暇进行室外锻炼时应该常做深蹲。建议蹲时双脚并拢，在蹲的过程中双手按住双膝，顺时针转36圈，再逆时针转36圈，坚持各做两次，这样可增强膝部关节和腿部肌肉的力量。

（2）“胖族”的健身计划

尽量不要让自己太“胖”，倒不是好不好看的问题，而是肥胖和一系列疾病有关。较胖的同学要选择适合自己的瘦身方式。

运动瘦身一开始要避免剧烈运动，坚持有氧运动。因为有氧运动具有有节奏、持续时间较长的特点，有利于减少皮下脂肪，促进消化。典型的有氧运动有散步、骑自行车、慢跑、游泳、打太极拳等。游泳很值得推荐，游泳有很好的塑形作用。运动瘦身方式虽然很多，但要出效果，关键是要挑选适合自己的项目，并坚持到底。

（3）“增高族”的健身计划

根据统计数据，现代人的平均身高已经大大超过古人了。中国有句老话说，人的身高25岁还可以“鼓一鼓”。那就争取在25岁之前加把劲儿，让自己再长高点儿吧。有些健身方式对增高有一定的作用，有兴趣的同学不妨试一试，说不定你的身高真能发生令人惊喜的变化。跳起摸高是个好方法，跳起时用双手去摸预先设置的物体，比如路边树枝、篮球筐或者天花板。此外，还可以多进行球类活动，在打篮球时积极争抢篮板球，跳起投球；打排球时尽量跳起，多做扣杀和拦网动作；在足球运动中多练跳起头球动作。跳跃性练习也是必不可少的，可做行进间的单足跳、蛙跳、三级跳和原地纵跳等。

（4）根据体型制订健身计划

①虚胖体型：这类人肌肉松弛，脂肪下垂，轻拍有晃动感，他们的肌肉力量往往不强，体力不好。这类人适合的运动是步行、爬楼梯、跳绳、游泳等。

②香蕉体型：这类人往往身体瘦弱、脂肪少、肌肉力量不强、体力也不佳。运动时，应该先慢慢锻炼，提高体力，逐渐强化肌肉力量、耐力及身体柔软度，再进行重量训练，适当多参加有氧运动。

③水桶体型：这类人一般皮脂较厚，体重过重，肌肉少，骨骼支撑能力弱，爬几层楼梯就会气喘吁吁。这类人应该多做有氧运动，比如多游泳，这样可以消耗脂肪。还应常做静态的伸展运动，以强化肌肉、韧带。

④苹果体型：这类人体重在标准体重范围内，但其上臂部、臀部以及腹部到大腿的脂肪含量超过标准。这类人最好多做有氧运动。如果平时不经常运动，就不要突然做剧烈运动。在做每项运动前，先做做热身运动，给肌肉以适

当的刺激。

看了以上介绍，你找到适合自己的健身方法了吗？

3. 养成良好的作息习惯

经历过新冠疫情，相信大家对于免疫力的重要性应该有了足够的认识，不仅要知道，更要用行动建立自己的免疫屏障。良好的作息习惯对于提高免疫力非常重要。

大学里有很多“夜猫子”彻夜不眠，等到第二天天亮才爬上床，然后昏天黑地睡上一整天，等到晚上大家都要睡觉的时候再起来活动。有些同学的生活没有规律，很容易影响日常的学习和身体健康。

不良作息习惯的成因是多方面的，可能是因为学习任务太重，可能是因为你本身就爱晚睡，也可能因为晚上打游戏。但不管什么原因，混乱的作息时间会造成免疫系统的紊乱，并对你的身体造成严重的损害。最明显的损害是容易出现皮肤粗糙、脸色偏黄、长黑斑和青春痘等问题。熬夜的隔天，你上课时会头昏脑涨、注意力无法集中。长期熬夜的人会慢慢出现失眠、健忘、易怒、焦虑不安等症状，对记忆力也有损伤，人体的免疫力也会跟着下降，感冒、胃肠感染、过敏等自律神经失调症状都可能会出现。我们可不是危言耸听，多少“夜猫子”到了大四时，身体免疫力都不如入学时了。

在不得不熬夜时，要在事先、事后做好准备和保护，将熬夜对身体的损害降到最低。首先，即使晚睡也要按时进餐，而且要保证晚餐营养丰富，多补充含多种维生素和胶原蛋白的食物。鱼类、豆类应纳入晚餐食谱。熬夜过程中要注意补水，可以喝枸杞、大枣或菊花茶。其次，晚睡不“晚洗”。一般而言，皮肤在晚上十点到十一点进入晚间保养状态，这时是皮肤吸收养分的好时机。有条件的晚睡族在这段时间里可以抹一些补水保湿的护肤品，这样皮肤在下一个阶段虽然不能正常进入睡眠，也至少能得到养分与水分的补充。熬夜之后，最好的保护措施自然是“把失去的睡眠补回来”。

习惯的养成在于自身的坚持，环境的作用也不可忽视。倘若你的室友都是早睡早起类型的，那你也会去适应他们的作息时间。倘若你的室友都玩游戏或者聊天到深夜，而你又是一个对睡眠环境要求高的人，那就会被吵得睡不着觉，第二天也很难早起。所以一定要提前跟室友们做好沟通，尽量早睡早起。

4. 节食并不是瘦身的好办法

这个时代大多数人的审美偏好“瘦”，请注意，我们说的是审美偏好，并没有说瘦就是美的，更没有说你也应该这样。偏好这事本就无好坏，为啥大家都觉得瘦更好看，这就像为什么唐朝以胖为美，没有标准答案。没有对错，就是喜欢、流行而已。但就是这种喜欢，让多少人沉迷于用各种瘦身方法。

节食和吃减肥药是常见的错误方式。少吃确实能够让你减轻体重。然而，你一旦停止节食，体重增加的速度可能更快。这是因为节食时摄入的热量会减少，体重虽轻了，但基础代谢率也降低了。代谢率一降低，能量消耗得少，人体也就有了发胖的趋势。而减肥药，且不说它的效果通常都是一时的，“是药三分毒”，又没有生病，干吗要吃“药”？

我们现在看胖瘦，可不是单纯地看体重，所以，完全不必为今天上称重了两斤而垂头丧气，明天轻了两斤也不代表什么。与简单测量体重相比，身体质量指数（BMI）能更好地衡量人体的胖瘦程度以及是否健康。BMI计算公式为体重（kg）除以身高（m）的平方（即身体每平方米的重量，单位为kg/㎡）。网上有很多在线计算器，你可以计算自己的BMI，并根据你所在国家同龄人的平均水平来判断自己的BMI是不足还是超标。如果BMI数值超标，那是需要重视的，因为通常意味着发生肥胖相关疾病的概率增加。如果你的BMI数值是标准的，从健康的角度看起来没什么大问题，但你依然觉得自己视觉上还不够瘦，那么你可以进一步关注一下自己的体脂率。体脂率是指人体内脂肪占总体重的比率，体脂率高，意味着脂肪含量高。相同重量脂肪的体积大约是肌肉的3倍。所以，相同的体重，体脂率低，肌肉含量高，看起来更瘦更健康，反之看起来就胖了。

降低体脂率的两大必备武器——管住嘴、迈开腿，两者缺一不可。

管住嘴是指科学饮食，调整饮食结构，而不是一味节食。推荐低碳水、低脂、高蛋白的减脂结构比例。这里的低碳水食物主要指主食，包括薏米、红薯、糙米、燕麦、玉米、魔芋、荞麦等。低脂、高蛋白的肉蛋类包括鸡胸肉、鱼肉、扇贝肉、水煮蛋清、牛肉、虾、鸡腿肉等。果蔬菌藻类含丰富的维生素、膳食纤维等营养元素，在保证营养均衡的同时也起到润肠通便的作用，可适当增加摄入比例。减少香蕉、榴莲、芒果、红枣、椰子、甘蔗、葡萄、山竹、荔枝等高热量、高脂水果的摄入。最后，还得适当多喝温开水。水是新陈代谢不可或缺的，帮助人体排出代谢废物以及毒素，饮水应少量多次，避免饮冰水、凉水以及奶茶饮料。对于大学生来说还有一个非常重要的点，就是睡前不吃或少吃零食。睡前吃零食后没有运动，就不能消耗热量，这样非常容易发胖。

迈开腿，也就是运动，可以参考前面介绍的运动健身的内容。

所以，瘦身也是要讲方法的。

三、世界那么大，我想去看看

1. 身体在路上

在象牙塔待的时间久了，是不是有一种冲动，希望哪天能背上行囊来场说走就走的旅行？常言道：“要么读书，要么旅行，身体和灵魂总有一个在路上。”既然有这种渴望旅行的念头，那就赶紧行动起来吧！

一个人的见识很重要，见得多了，自然就会心胸豁达，视野宽广，会影响对很多事情的看法。旅行让人见多识广，也让灵魂自由翱翔，不会在物质世界里迷失方向。

在旅行的路上，在陌生的环境里，你会淡忘在熟悉的那个城市里发生的不快。

在旅行的路上，你会见到不同的人，感受不同的生活节奏。

在旅行的路上，你会看到不同的景色，有的虽是第一次见，却仿佛在梦里早就邂逅。

你看到伟大的建筑，会感叹人类的智慧；你看到秀美的景色，会感叹这世界的美丽；你看到奇异的景观，会感叹大自然这位造物主的神奇。

有人说，旅行的意义是丰富生命的体验，旅行者脚下的路，更是心中的路，目的地是哪里并不重要，重要的是旅行的过程是否能触发内心的某种感受。行走是一种自然的发现方式，它是不需要刻意安排的一种相逢和邂逅，一个人登山临水，在不同的地方，遇到不同的人，倾听不同的故事，这一切都有可能造就另一个自己。在不同的时期到同一个地方，感受也会不同。旅行其实是一个认识自己的过程，感受完全不同的生活，每段旅途中你都能发现一个全新的自己。既然去旅行，那就让心情释放，让心灵净化，让心境升华吧。

2. 全国各地跑

既然要旅行，那肯定得先把我们伟大祖国的土地走个遍。我国疆域辽阔，各地风土人情存在很大差异。在祖国大地上行走，你能感受到天山的雄伟、呼伦贝尔草原的辽阔、黄河的奔腾不息、西湖的水平如镜、苏州园林的精致、桂林山水的绮丽……无论走到哪儿，都有不一样的风景。这里推荐几处适合大学期间去旅行的地方。

张家界。张家界冬无严寒，夏无酷暑，年平均气温16.8℃，可谓四季如春。旅游的最佳时间是每年的4月和10月，在这两个月，张家界的自然风光最美。

泰山。游泰山，以4—11月为佳。冬季泰山有积雪时，景色出奇地美。

黄山。游黄山，3—11月最佳。春（3—5月）可观百花竞开，松枝吐翠，山鸟飞歌。注意山下和山顶温差较大，初春、深秋和冬季旅游要带足防寒衣物，特别是冬天观雪景时。夏季要注意避开暴雨日。

峨眉山。游峨眉山的最佳时间是5—10月。峨眉山的海拔较高，垂直温差大，低山区与平原无大差异，中山区较山下低4~5℃，游客需要备足衣物。高山区则比山下低10℃左右，需要穿棉大衣。

广西桂林。桂林阳光充足，四季分明，气候条件十分优越，一年四季皆宜前往，春夏秋最佳。也可从桂林乘车到龙胜、阳朔等地观光。夏季应避开暴雨日，冬季应带上毛衣。

秦皇岛。到北戴河的最佳时间是5—10月，游秦皇岛其他景区的最佳时间为5-9月，坐船观岛专项游的最佳时间是3月中旬至5月下旬。

南京。春秋最佳，夏季酷热，但如果到附近的苏州、周庄等地旅游，夏季也可。南京的冬季比较阴冷，应带足防寒衣物。

昆明。昆明一年四季都是旅游的好季节。1—2月气候温和，7月下旬是彝族、白族、纳西族等民族的“火把节”。昆明虽四季如春，但早晚气温差异较大，所以冬季要带毛衣之类的防寒衣。

拉萨。3-10月是到拉萨旅游的最佳时间，夏天气压升高，气温、湿度等都优于其他季节。无论在哪个季节游拉萨，都必须带防寒衣。高原有强烈持久的太阳辐射，防晒物品必备。

重庆。重庆被称为让导航抓狂失灵的“8D魔都”。这里有仿佛架在天上，让你坐在车上不敢往下看的立交桥；这里有从居民楼里横穿而过的轻轨；这里有1楼出去是街，10楼出去也是街的“诡异”楼栋；这里还有重庆小面、火锅和美女。

长沙。泡吧、喝茶、吃小龙虾、逛街、购物、周边游、听音乐会是游长沙的主题。

西安。西安要历史，有历史；要文化，有文化；要颜值，有颜值；要张力，有张力。西安的走红，不是一天两天，而是持续了数千年。

上面所列这些旅游目的地只是很小的一部分。若你有心，可以用自己的脚步丈量那些美丽风景所在的土地。

3. 穷游有道

不知从何时开始，“穷游”成为越来越受大家推崇的一种出游方式，用最低的成本来场说走就走的旅行，成为很多人的向往。再加上诸如“广西80后女生带5000元穷游11国”“无锡90后小伙穷游全国26省感悟人生”等一系列新闻的推波助澜，穷游更成为久在大都市、没钱却有时间的年轻人追捧的旅游方式。

在大部分人眼里，所谓穷游，就是一个人背着行囊，在路上遇到一些志同道合的小伙伴，一路搭便车、住民宿，深入地了解风土人情，在这段充满未知的旅程中，或许还能邂逅一段浪漫的爱情。不过先别沉醉其中，因为你不知道那些分享出来的穷游美照的背后有多少不为人知的辛酸。穷游的路上不只有浪漫，还可能有危险。你可能会迷路，被骗，甚至生命安全受到威胁。比如在搭便车的过程中，车主与搭车人之间几乎没有任何安全协议，没出事还好，一旦出事，打官司事小，生命安全难保就事大了。

“世界那么大，我想去看看”固然让人向往，但“钱包那么小，哪儿也去不了”告诉我们，只要是旅游就要花钱。所以，在穷游之前，要弄清楚什么是穷游。有人认为，穷游就是搭免费车、免费住宿、免费品尝当地美食。对不起，这不叫穷游。其实，出去旅游多多少少是需要花钱的，乘车要钱，住宿需要钱，吃饭要钱，购买当地特产要钱。所谓穷游，不是一分钱不花，而是能省就省。这些钱从何而来呢？作为大学生，大部分人的手头并不宽裕，即使你的父母愿意“赞助”你一笔旅游经费，你也总不能老用父母的钱出去游玩，伸手要钱的滋味不好受。没钱怎么玩？其实还是有途径的。买打折机票、住优惠酒店、吃苍蝇小馆，同样可以将一个城市体验一番。或者想想看，你的同学来自全国各地，趁着他们回家的机会，跟着他们一起出行，逛逛他们家乡的风景名胜。这样应该能节省一笔开销，自己平时将生活费省着点花，攒下的钱可能就够一次出行了。同样的道理，别人去欧洲花5万元，你花3万元；别人住五星级海景酒店，你住青年旅馆；别人坐飞机直飞目的地，你坐绿皮火车经历几十个小时到景点，这才叫穷游。

世界上没有免费的午餐。人年轻的时候，有精力，有时间，但缺钱，穷游是一个无奈却又有独特魅力的选择。哪怕是穷游，只要自己开心，有收获，那就是好的。

四、生活小百科

1. 有消费，还要有消费观

根据一些调研数据显示，大部分大学生的生活费为1000~2000元，吃穿用度都从这里面支出，大学生自己掌握了绝对的支配权。

现在在哪儿买东西、怎么买东西这些事，已经不需要任何人教，太容易了。大型超市、购物网站、短视频种草、直播带货……到处都是可以“买买买”的地方，所谓“没人上街，不代表没人逛街”“不出门不代表不花钱”，稍不留意，月刚过半，钱却已花光。再赶上“双十一”“双十二”的促销活动，各大平台恨不得借钱给你花。

从独立消费的初始，我们就应该建立起正确的消费观，这很重要。

以下消费的基本原则请记牢。

（1）买自己真正需要的

一个人真正需要的东西其实并不多，用于生活和学习的基本费用通常只占我们花费的一小部分。更多的时候，我们看见一个好看的包，一块好看的表，就忘记了自己柜子里已经有好几个；打算跑步，还没开始跑，先置办一身装备，结果只用了一次。要买东西之前，先问自己几个问题：这个不买不行吗？

这个以后买不行吗？如果答案真的是不行，果断买；如果不是，果断放弃。不需要的东西买太多，不仅浪费钱，还要有地方存放，如果宿舍堆满了杂物，住在杂物太多的地方，心也容易变得杂乱无序，这就是为什么这些年大家都在说“断舍离”。

人会买自己不需要的东西有一个重要的原因就是攀比，觉得别人有的自己也一定要有。攀比是个无底洞，但凡有了这样的心理，不必要的消费就会持续产生。这个道理不难懂，但能否避免不必要的消费，取决于你是否愿意放平自己的心态。

（2）买真正适合自己的

当你必须要买一件东西的时候，要买真正适合自己的。比如，你需要买一双鞋，你看别人穿高跟鞋很好看，但你一穿上就完全走不了道儿，如果强行买回来的结果是什么？你花了买鞋的钱，但鞋几乎用不上，或者穿得极为勉强，这就叫不适合。

（3）质比量重要

这是一个算账的问题，有些人为了省钱，什么便宜买什么，同时又因为觉得便宜，经常买、经常换，其实算下来，钱没少花，也没买到高品质的东西。因此建议大家对于必须要买的东西，在力所能及的范围内，要买质量有保证的。

（4）花自己花得起的钱

消费无止境，但预算有限制。偶尔你也可能会遇到需要高消费的时候，这时我们的建议是：可以有计划地存钱，绝不能借钱提前花。比如，你计划暑期去旅游，那你可以有意识地从学期一开始就每个月节省一些，留些结余。如果确实着急，比如得尽快报一个培训班，需要马上花钱，可以把情况跟爸爸妈妈说清楚，争取家里的支持。不管哪种情况，都不建议在大学期间利用信用卡等提前消费，因为你尚不具备偿还能力。借钱消费这事，一旦成为习惯，就会刹不住车，最终越借越多，超出你的承受能力。天下没有免费的午餐，向别人借的迟早都要还。最好的方式就是不要开始。

要求更高一点的话，你还应该有一些财务管理的意识，核心的举措就是开源、节流、储蓄。对于大学生来说，可能更合理的是先节流，有条件的可进行开源。

想要节流，首先要记账，把自己日常的花销进行详细记录，对自己的财务状况做到心中有数，避免出现“怎么花了这么多钱，我也没买什么呀”的糊涂情况。根据自己的记账规律，提前为后面的消费做好规划和安排，而最重要的是理性消费，减少不必要的开支。

适当开源也很好。好好学习，争取奖学金；校内勤工俭学拿工资；校外兼职赚取外快，这些都是开源的方式。当自己有钱了，花一些，再存一些，以备不时之需。

2. 关于聚餐

大学生不可避免地会有一些聚餐，如果不提前做好预算，餐费可能会成为占比很大的开支。今天朋友生日，聚餐；明天你通过考试，聚餐；后天周末，宿舍传统“营养充电”，聚餐；新加入的部门刚刚成功举办了一次大型活动，为了庆功，全体聚餐。聚餐的情形数不胜数。

其实参加这些聚餐是非常开心的一件事，多数情况下大家彼此认识，通过聚餐可以加深感情；如果有小伙伴带来了新朋友，正好可以趁此机会多认识几个人。聚餐之后通常还有其他的娱乐活动，比如唱歌、玩桌游等，可以在轻松娱乐的氛围中放松自己，增进与别人的感情。

但如果这些聚餐成为负担，就不太好了。一大负担是费用问题。对大学生来说，绝大多数还属于“手心朝上”一族，每月的花费开支基本靠父母。即使你是“富二代”，每月的开支总归是有限的。而且这几年饭馆中菜价见涨，菜量见少。两个人吃一顿快餐，没有六七十元下不来。学校周边有些小吃店价格相对便宜，但没有几十元也下不来。算算吧，你这月的生活费还剩下多少，难道剩下三周就光啃馒头了？另一大负担就是时间和精力的问题。比如，你本打算今天安心在图书馆复习，准备明天的考试，小伙伴的一个电话打来，你不得不放下手中的书本出去聚餐，然后再玩几轮三国杀，等你再回到书本前，都已经过去大半天了，早已没有了心思学习，说不定就影响了第二天的考试。

人与人之间的交往，向来讲究礼尚往来，你刚刚从高中生活中解脱出来，慢慢体会到“半个社会”的人情往来。礼节上的问题人家肯定多少懂一些，要提醒你的是，有些聚餐无法避免，但更多时候你可以说“不”。死要面子，受罪的是自己。另外，与朋友、同学聚餐，花费AA制可能是使聚会能持续下去的选择。

3. 校外租房的利与弊

以前的大学生压根儿别想在校外租房，不管你是本地的还是外来的，在这个问题上一律平等，大家都必须住宿舍。为了防止逃宿，宿管阿姨隔三岔五会在楼门关闭后挨个检查宿舍。凡发现床位上没人，厕所里也不见踪影的，一律按校规处理。

不过，现在高校的宿舍管理日渐社会化了。于是，今天这个搬出去住了，明天那个离开宿舍了。到了大四，宿舍快成空置房了。到底去校外租房有何利与弊，我们请留在宿舍的同学与搬出去的同学来辩论一下吧。

正方说：校外租房利大于弊。理由如下：第一，这是个自由的时代，我们有住宿舍的自由，也有不住宿舍的自由。我们追求的不是租房，而是自由。第二，宿舍一间18平方米的屋子里住6个人，还是有点拥挤的。第三，我们为这个城市的房屋出租事业做出了贡献。第四，我要考研了，需要安静独立的空间，不想秉烛夜读时打扰到别人。

反方说：校外租房弊大于利。理由如下：第一，宿舍闲置，造成浪费。第二，校外租房有安全隐患。特别是女孩子，一个人在校外租房，其人身安全没有保障。第三，造成同学关系疏远。感情是需要培养的，人在社会上离不开人际交往。如果你一个人在校外租房，就减少了与同学接触的机会，这对你的大学生活和人际交往是不利的。

评委总结：无论是否在校外租房，都要结合自身情况权衡利弊。一般而言，不建议刚进入大学的新生在校外租房，一来不利于培养与同学之间的感情，二来存在很大的安全隐患。假如你确实必须在校外租房，也希望能够认真考察房子附近的环境，确保安全。

4. 生病了要知道

俗话说得好，身体是革命的本钱。只有身体倍儿棒，吃嘛嘛香，你才能好好地学习。但你在学校难免会有小病小灾，老爸老妈却远在千里之外，怎么办？

你可以准备一些日常药品，以备不时之需。如果你身强体壮，一年过去，小药箱都落满了灰尘，里边的药品还没打开过却已经过期了，你可能认为这太浪费。但换个角度想想，将它们放到过期扔掉与全都吃进你的胃相比，哪个更好？

偶感微恙，自己调理一下可能就好了。倘若病情持续不见好转，一定要去看医生，切莫犯了蔡桓公的错误，小疾拖成大病。大学都设有校医院，公办大学对本校学生看病的补贴很高，挂号费可能就几块钱，药费可能也只需要支付一部分，所以不用担心费用的问题。

不过，一般校医院的医疗条件都比较有限，医治头疼脑热这类小病没问题，可倘若病情严重，还是转到大型综合医院治疗更好。

病来如山倒，病去如抽丝，最好的办法还是防患于未然。只有健康饮食，规律作息，坚持运动，才能远离疾病。

5. 男生女生

（1）对男生说

食色，性也。孔夫子他老人家都说过了："饮食男女，人之大欲存焉。"所以，如果你有了性的幻想，有了性的需求，这很正常，不必为此而感到羞愧。你或许没有女朋友，又或许有了女朋友，但你们都决定把那美妙的事情留到最神圣的新婚之夜。但是，花正好，月正圆，春风沉醉的夜晚，难免有时你身体躁动难以入眠。别担心，我们不会笑话你。据调查，美国90%的成年男性和70%的成年女性都有过性自慰。不过，凡事过则损。一瞬间爆发的快感经不住反复爆发的消磨，过度的性自慰容易导致身体虚亏。

另外，一些害羞的男生还可能因为这个问题而产生严重的心理困扰，这种心理障碍是必须要克服的。总之，请正确对待你的性心理。

（2）对女生说

每月月经要来的前几天，有些女生在生理和心理上都会出现一些微妙的变化。有的女生头痛、恶心、心悸、乳房胀痛，容易情绪波动、躁动不安，甚至变得易怒、充满攻击性；有的女生则表现为孤僻、忧郁、爱流眼泪。这都是拜每月定期来的"大姨妈"所赐。当然，这位"大姨妈"走了之后，以上症状自然也随之消失了。认识到这一点，亲爱的女孩子，不要为自己那几天的喜怒无常而自责了。"大姨妈"光临期间，女生不妨对饮食进行一些适当调节。多吃点有助于情绪稳定的食物，不要食用含咖啡因、酒精等刺激性物质的食品和饮料。这样做对减轻经期症状有不错的效果。

还有，漂亮的姑娘们，一定要注意保护自己的“秘密花园”，那里生长着娇嫩的鲜花，必然需要格外的呵护。每天应用温水清洗私密处，内裤应每天更换。特别提醒，内裤一定要单独清洗，切莫一时犯懒将之与袜子、外衣泡进一个盆子里清洗。

五、安全保障要记牢

1. 宿舍遭遇盗窃怎么办

学生宿舍，方寸之间聚集着多个人的财物，因此它常常成为入室盗窃者的觊觎之地。虽然很多学校采取了措施，比如门禁卡制度、早晚锁大门等，但宿舍财物被窃仍时有发生。以下是公安部门为我们提供的宿舍防盗信息，大家务必牢记。

盗窃易发时间段如下。

第一，混乱时，盗窃者浑水摸鱼。比如入学时、放假前，或者学校举办大型文体活动外来人员剧增时。

第二，没人时，如晚自习时、上课时、假期学生离校后，正是盗窃者猖狂作案的时机。

第三，（低楼层）开门窗时，恰好方便盗窃者翻窗而入。夏季暑热炎炎，开窗睡觉时，盗窃者正好实施盗窃。

要做好宿舍防盗，需要注意以下几点。

第一，随手关门、锁门。出门时不关门、不锁门是人们经常犯的错误，总以为我就出去上个厕所，或者去开水房打壶开水，几分钟的工夫不会有盗窃案发生。怀着这样侥幸心理的人往往容易遭遇盗窃。记住，职业小偷动作快得很，分分钟就能偷走你的笔记本电脑。

第二，不要留宿陌生人。热情好客本是优良品质，但是如果随便留人住在宿舍里，无异于给自己亲手埋了颗炸弹。

第三，对形迹可疑的人要提高警惕。不管是兜售商品的小贩，还是你从没见过的陌生面孔，即使他看上去是个斯文人，你也不要放松警惕。多一分戒备，你的财产就多一分安全。

第四，换人便换锁，钥匙不要外借。叮嘱宿舍的同学也看好自己的钥匙。

第五，保管好自己的手机和贵重物品。手机、平板电脑等贵重物品应该随身携带，银行卡、密码、身份证在宿舍内要分开存放。一旦发现银行卡失窃或丢失，要第一时间前往相关银行进行银行卡挂失，以免被人冒领。大学生的贵重物品通常是笔记本电脑等电子产品，用完后放进带锁的柜子里方为上策，放假离校时要将贵重物品随身带走。

不怕一万，就怕万一，百密一疏就可能引发盗窃案。一旦宿舍被盗应该采取如下措施。

第一，冷静，冷静，再冷静。财物被窃后，保持冷静是你脑子里首先要有的意识。你应该立即向学校保卫部门、宿舍管理部门报告情况。大嚷大叫、大哭大闹是没有任何用处的。

第二，保护好现场。看过那么多侦探片，你该知道保护好犯罪的第一现场对破案极为重要。现场可能会留下关于犯罪分子的重要信息。保护好现场，警察才可能提取到犯罪分子的指纹、手印、脚印等信息，犯罪现场能为破案提供线索和证据。宿舍发生盗窃案很可能引来他人围观，所以要记得派人守好宿舍门口，不要让围观的人进屋，更不要让人翻动室内物品。不然破坏了现场不说，留下他们的指纹、脚印之类的，会非常麻烦。

第三，如果银行卡、信用卡被盗，赶紧拨打银行电话进行紧急挂失。

第四，积极向负责侦查破案的公安保卫干部提供线索，反映情况，协助破案。反映情况时要尽量详尽，不要觉得有的事无关紧要而忽略，也不要觉得涉及某个同学怕伤感情避而不谈。

第五，如实回答前来勘验和调查的公安保卫干部提出的各种问题。回答问题要实事求是，不可凭想象、推测，要认真回忆，力求全面、准确。

2. 洞悉常见骗术，不上当

常见骗术一：编造悲惨故事。

防骗术：告诉他“有困难，找警察”。不是你心太硬，而是骗子心太黑。

常见骗术二：借同学、老乡关系，推销兜售假冒伪劣产品。这类骗子相当可恶，他骗的不是陌生人，而是自己的亲戚、朋友。

防骗术：首先请你牢记，天上不会掉馅饼，世上没有免费的午餐。其次请你放下抹不开的面子，既然他把你作为欺骗的对象，那么你也没有必要把他当作亲朋好友了，别自作多情地觉得不买不好意思。

常见骗术三：帮新生办手续。此类骗术在新生入学时高发。新生入学时，人多且手续繁杂。这时骗子登场自称师兄或老乡，帮你排队缴费。拿到你的钱之后，他便找机会溜之大吉。

防骗术：别贪心走捷径，手续再多，只要耐心就能办完。

常见骗术四：银行卡诈骗。骗子谎称自己的银行卡被盗，请求借卡转账，然后以帮你操作为由，获得你的银行卡密码，最后用另一张卡掉包。

防骗术：自己的银行卡自己看牢，除了老爸老妈，即使“仙女下凡”也不外借。

常见骗术五：网络诈骗。在网络世界中你可能会结交五湖四海的朋友，甚至以为深深爱上了某个人，却没想过对方可能是一个骗子。如果他博得了你的好感之后想方设法向你借钱，你该怎么办？

防骗术：虚拟世界中结交的朋友，还是让他们留在虚拟世界里吧。对于这些朋友，不要让他们和你在财物上挂钩。

常见骗术六：兼职诈骗。这种骗术轻则骗取中介费，严重的可能让你成为暴力侵害事件的受害者。

防骗术：不要轻信中介机构，凡要缴纳报名费、服装费之类的兼职，你最好敬而远之。女生做兼职时尽量不要单独前往。

常见骗术七：冒充老师。比如在论文答辩、考研前，接到“老师”的电话请你去办公室讨论，并以各种理由被告知需要送红包。

防骗术：去之前跟老师确认，如果是不熟悉的老师，先向同学打听清楚。

总而言之，骗子能骗到你不外乎是因为你的同情心或者你的贪心。只要你在这两点上做好防范，即使骗子的骗术千变万化，你也能慧眼识破，规避风险。不论以什么为由，只要涉及转账、汇款，当事人都应该提高警惕，要通过其他途径进行核实。可以跟自己的亲人、朋友、同事打电话核实相关信息，甚至可以拨打110电话咨询。

3. 时代背景下的电信诈骗

信息化时代，骗术也“与时俱进”了，电信诈骗高发。以下是电信诈骗主要的诈骗方式和防骗方法。

（1）冒充熟人诈骗

盗取、仿冒熟人的微信、QQ、微博等各类账号，或用陌生账号与你取得联系，但自称是某位熟人使用了新号，然后用各种各样的理由表明自己急需帮助，获取你的信任和同情，请求你向其转账、为其代付等。

任何时候收到熟人联络，对方提出转账汇款、借钱、代付等要求时，务必当面或通过电话核实确认后再进行操作。

（2）冒充客服诈骗

骗子冒充客服打电话给你，并说出了通过非法渠道获取的你的购物信息和个人信息。比如，冒充网店或者快递客服，谎称网购商品或快递出现问题，可以进行退款、理赔、退税等操作；冒充电商平台客服，称操作失误将你设置为代理商、升级VIP会员或开通分期业务，不取消这些业务将产生额外费用；冒充金融客服，称你过去办理过贷款需要注销，或账号身份信息需进行修改，否则会影响个人征信。

然后骗子会要求你与其私下联系，诱导你在虚假的退款理赔网站填入银行卡号、手机号、验证码等信息，或利用你对支付宝、微信等支付工具中借款功能的不熟悉，诱导你借款并转钱给骗子。

所以，当你接到自称客服的电话时，一定要认真核实对方身份，第一时间联系相关平台官方客服确认是否存在相关问题。退货退款无须事前支付费用，可通过原渠道退还。切勿轻信“客服”私人账号发来的不明链接、不明二维码，保管好密码及验证码。

（3）冒充公检法工作人员诈骗

骗子冒充公检法工作人员打来电话，说出了通过非法渠道获取的你的个人身份信息，编造你涉嫌洗钱、非法入境、网络传谣等理由（如果你表示没有做过，会解释为你的身份信息被盗用），诱导你去安静无人的地方进行联络，屏蔽手机来电短信，要求你转账到他们提供的“安全账户”自证清白。

一定要注意：公检法工作人员不会通过电话、QQ、传真等形式办案，也没有所谓的“安全账户”，更不会让你转账汇款。

（4）网上交易诈骗

骗子可能在各类平台上发布出售物品的信息，这些物品一般“物美价廉”或者比较稀缺。你发现这些信息后与骗子私聊，对方要求你不使用正规平台，而是添加私人账号转账交易，诱导你先付款后收货。结果你付款了，但货没见着。

网购时一定要选择正规购物平台，“先付款后收货”的交易方式风险很高，私下交易存在被骗风险，对异常低价商品要提高警惕。

（5）兼职刷单诈骗

骗子通过各类平台发布兼职信息，招募人员进行网络兼职刷单，承诺交易后立即返还购物费用并提成。刷第一单时，骗子会小额返款并提成让你尝到甜头；当刷单交易额变大后，骗子会以各种理由拒不返款，诱导你加大投入以提现。

（6）裸聊诈骗

骗子诱骗你添加好友，提出裸聊要求，需要下载安装某指定App（可盗取手机中的通讯录信息）。裸聊后骗子实施敲诈勒索，如果不给钱就把已拍摄的裸聊图片、视频发给通讯录上的人。

切记不随意添加陌生人为好友，不裸聊，不下载任何不明App，遭遇敲诈勒索要立即报警。

（7）“杀猪盘”诈骗

骗子通过婚恋网站、社交平台物色诈骗对象，与其聊天交友，确定男女朋友、婚恋关系；然后向其推荐博彩网站、赌博App、投资渠道等，称有内部消息，可以稳赚不赔，邀请其一起赚钱。刚开始投入能够很快获得利润并提现，投入金额加大后无法提现，骗子也会销声匿迹。

“杀猪盘”始于网恋，终于诈骗。如果有网友称可教你投资理财，别随便相信，凡是承诺“稳赚不赔”“低投入、高回报”的都是诈骗。

总结，防范电信诈骗的基本原则：不点未知链接、不信陌生来电、不透露个人信息、转账汇款多核实。遇到判断不了的情况要及时报告、咨询。

要警惕这些情况：境外号码（“00”开头）、私人号码来电；脱离正规渠道、官方平台，主张私下联络；直接或间接与钱相关的要求，包括转账、代付、贷款、刷单、投资理财、资金证明、安全账号、先付款后收货等；不明链接、不明二维码、陌生App；透露个人信息的要求，尤其是各类账号密码、验证码。其他涉及泄露个人隐私的操作，如共享手机屏幕、视频人脸信息等。

此外，建议在手机上安装公安部推出的“国家反诈中心”App，“国家反诈中心”App具备四大核心功能：一是诈骗预警，对诈骗来电、短信、App进行无感阻断；二是身份验证，它可以对聊天对象身份进行辅助验证；三是“我要举报”功能，遇到电信诈骗可以快速举报；四是“报案助手”功能，被诈骗后可以第一时间在App内报案。

如果有人要求你卸载“国家反诈中心”App，可别那么听话，谨防有诈！

4. 传销可能就在你身边

传销，不是以销售为目的，而是打着销售的幌子，通过不断发展下线聚拢人气，以抽取“人头税”为目的的违法行为。下线入会便要购买产品，有了产品才能体验。因此，在这个金字塔式的组织里，只有上层才能真正得利，其他人则成为组织上层的“奴隶”。

为了加入组织，被“洗脑”的人需要疯狂筹集资金。自己的钱用光了，就把目光转向自己的亲朋好友，以致不少人走上了一条出卖良心的不归路。

大学生经常成为传销组织的目标。由于社会经验不足，传销组织常以成功、财富作为诱饵，三言两语就可能将大学生迷惑。

《人民日报》为大家总结了避免传销陷阱的要点，以及身陷传销之后的自救方法。

（1）避免传销陷阱要点

①防范“杀熟”

亲友介绍异地投资、工作机会，或久未联系的朋友突然邀请旅行游玩、介绍对象等，一定要谨慎，多方核实。

②仔细查询公司信息

正规招聘网站上的招聘信息也并非全部可信。一定要仔细核查，包括公司详细地址、电话、业内评价和业务案例等。不排除有传销组织套用其他公司信息招聘的可能，最好多方询问，提高警惕。

③电话面试多询问

电话面试中，可深入问几个专业问题及项目具体情况，如果对方吞吞吐吐或回避问题，一定要提高警惕。

④临时变更见面地点要小心

参加面试到达指定地点后，如果对方要求变更见面地，要小心！可询问附近的人是否知道这家公司。如对方说派车来接你，不要随便上车，司机很可能已与传销组织串通好。

⑤不去偏僻的见面地点

如发现面试地点很偏僻，就不要前往。面试地点一定要发给家人、朋友。一般情况下正规公司都会先签订合约再要求上岗，面试时直接去工地或者项目地点要小心。

⑥被关心家庭情况时要夸大

传销组织通常不会聊太多公司的情况，而是询问你的家人是否在身边，家人和朋友的情况等。可故意夸大自己的人脉，使传销组织有所顾忌，你也有机会逃离。

⑦了解新型传销惯用词

看到投资返利、旅游考察、消费养老、爱心互助、原始股、虚拟币、网络直销这些传销惯用词，要有所警觉，不要被花哨的概念炒作所蒙蔽。

⑧提前判断高额收益来源是否合理

看到“一夜暴富、躺着赚钱”的口号，要判断所谓的高额回报是否符合正常的经营规律、商业逻辑。不要被高收益迷住了双眼，要保持头脑清醒，理性判断。

（2）自救方法

当不小心身陷传销窝点，可以通过以下方式进行自救：

①保证安全

人身安全最重要，要克服恐惧心理，沉着冷静，一定不要跟传销组织起冲突，他们会实施暴力，所以要表面配合。

②管好财物

尽量保管好身份证、银行卡、手机等物品，不让这些物品落入对方手中。

③记住地址

要掌握所处的具体位置，楼栋号、门牌号、标志性建筑等信息，以便求救报警。

④装病

尽可能让对方觉得你病得很严重，不得不外出就医。

⑤求救纸条

偷偷写好求救纸条，趁传销分子不备，利用一切机会抛出纸条求救。

⑥暗示危险

如有机会与家人通信，说一些与事实不符的事情暗示你有危险。也可提前和家人沟通好代表你有危险的“暗号”。牢记家人、朋友手机号。

⑦找寻时机逃离

利用上街和考察的时机，挣脱控制向周围的人求救。逃出时一定要提前规划好路线，不要盲目逃跑，最好是努力取得看守人的信任再计划逃跑。

⑧电话报警

一旦逃出传销窝点，立即到安全区域拨打110电话报警。

5. 远离赌博、烟酒和毒品

（1）关于赌博

玩牌、打麻将仿佛已经成为传统的休闲方式，但一旦涉及金钱，就容易把人变成赌徒。事实上，不论玩牌还是打麻将，本身并没有那么危险。但是，如果赌注变成了金钱，刺激性增加了，危险性也随之增加了。赌博和毒品一样会使人成瘾。毒品毒害的是身体，赌博毒害的是精神。总想着靠一把牌发大财，失败了又总想着下一把扳回来，一把又一把，结果会输得倾家荡产。

赌场风云在电影里看看就算了，你可别想着去玩一把。在宿舍里无聊的时候打打贴纸条的“升级”是可以的，赌一把赚外快的贪念不能有。

（2）关于烟酒

高中时代只敢偷偷抽烟的你，上大学后可以以成年人的姿态吞云吐雾了，以往不识愁滋味的你也终于有机会体会一把“酒入愁肠愁更愁”的滋味。

在此，我们想提醒你，长期抽烟、喝酒会有一笔不小的开销，保守估计每月需要200多元。你的生活费是多少？这笔开支是你生活费的1/5，还是1/3？

再者，烟酒对身体的伤害，你应该知道。失去了健康的身体，即使将来学业有成、事业成功，生活质量也会大打折扣。

（3）关于毒品

那种娇艳的花朵结出并不丑陋的果实，提炼出白皙的粉状物，带给人类的却是死亡。珍爱生命，远离毒品。

6. 女生安全特别提示

女孩子容易受到性侵害，女大学生被侵害事件我们时有耳闻。因此，女生要提高警惕，注意保护自己。以下几点请女大学生注意。

第一，做好宿舍安全防范，防止歹徒闯入实施室内犯罪。不论什么时候，尽量不要一个人住宿。

第二，夜行时保持警惕，走路灯明亮的大路，避开偏僻路段。

第三，对陌生男人的搭讪要心生警惕，不要跟他走，更不要见到豪车就两眼发光，要想到你坐进去之后可能会出现的后果。

第四，不要穿过于暴露的衣服。

第五，学点儿防狼绝技，或带点儿防狼工具。

一旦发生侵害，如果你根本无法与歹徒抗衡，那么请你不要无谓反抗，因为你的生命更可贵；尽量记住歹徒的样貌特征，为日后将其绳之以法提供线索。

侵害发生后，要勇于向公安机关报案，这没什么丢人的，忍气吞声反而会助长歹徒的气焰。及时报案，以便早日抓住歹徒，将其绳之以法，以免祸害其他人。

另外，在此提醒女大学生，一定要自尊自爱。

其他建议

* 抽烟很酷的时代已经过去了。
* 不要在大学就“掏空”自己的身体，“身体是革命的本钱”这句话是有道理的。
* 不要为自己的出身难过或骄傲，因为在意它的，可能只有你自己。
* 如果遇到不合拍的室友，可以少来往，但要避免冲突，毕竟抬头不见低头见。
* 饭卡不要一次性充太多钱，以免丢了心疼。
* 不要在外留宿，如果回来晚，一定跟室友提前说一声。
* 有人邀请你一起赚钱时，一定要谨慎，天上从来不会掉馅饼。
* 外出逛街时，要拒绝免费提供的服务，比如免费美容，因为进了美容院可就不是只有免费项目了。
* 不论如何，享受大学生活。
* 旅游记得带上学生证，可以享受景区优惠。

过来人说

施先生 岭南师范学院 体育教育 2013级

电子技术行业

给大学生的建议：

好好珍惜大学时光，让它足够精彩，没准儿值得你回味一辈子。

采访内容整理：

说起大学那几年，我到现在还津津乐道，真的是我最开心、最自在的几年，没有之一。那个时候已经没有了高考的压力，整个人的状态是自由、放松的。

我们很多同学喜欢玩游戏，我不太喜欢，我喜欢摄影、数码，喜欢研究车。除了上课学习，我大量的时间都泡在摄影和数码的论坛里，欣赏别人的作品，看别人的评测，自己琢磨摄影技术，角度、构图、打光、参数……对每一款相机、手机、车的性能都如数家珍。虽然那个时候自己还没有车，但并不影响我对它的欣赏。攒够钱买了自己的第一台相机后,我把论坛里所学到的技能付诸实践,每一张照片都是我的宝贝。

每天傍晚，班上的一群男同学会自发、准时地到篮球场集合，享受我们的篮球时光。我从小就喜欢篮球，但高中的时候学习时间太紧，工作之后又经常约不上合适的人。只有大学那几年，只要不下雨，我们每天雷打不动地打球到8点多，畅快淋漓！

我时不时约上三五个同学朋友，晚上吃个夜宵、喝个啤酒、唱个歌，可逍遥自在了。那时候还没正式工作，没啥收入，但我们也有我们的办法。比如出去吃自助，中午的时候便宜些，还可以用团购券、代金券，一顿自助吃下来几十块钱，从餐厅开餐吃到收餐，那个心满意足；KTV唱歌，我们就选午夜场，通宵下来花的钱都不到高峰时段的零头……现在条件好了，夜宵自由、KTV自由是没啥问题的，但是即使吃最贵的自助餐，也找不到那时候几十块钱的快乐了。

我的大学时光过得中规中矩，没犯过什么大错，也算不上多有建树，但就好在每一天都开心快乐，丰富多彩。所以，至今我还是很怀念大学时光的。

第六章
关于未来的多样选择

四年听起来是一段很漫长的时光，但其实时间就像从指尖溜走的细沙，过得很快。可能只是一转身，你就要大四了，不得不面对保研、考研、出国或是工作的抉择，若是前三年都没有认真思考也没有提前准备，那到时候你的选择就被动了。刚刚步入大学，还不用着急，但从大二、大三起，你就需要开始考虑自己将往哪个方向走。所以，请你务必提前了解大学生毕业后的选择有哪些，你的专业的出路有哪些。

一、保研

1. 保研面面观

保研应该是大学毕业后所有出路中最省心省力的了，可能你刚入大学校园就会听说某师兄或师姐保研到名校的经历。实际上，保研也没有那么困难。

保研就是不需要参加全国硕士研究生统一招生考试，经招生单位考核后即可被录取，而且录取率远远高于考研。保研主要有三种情况，最常见的是基于学习成绩的免试直推，通常的做法是学校划定基本学习成绩要求（主要考查学分绩点），按照一定比例将名额下发到各院系。一般只有班级前几名才可能保研。第二种情况是特长生免试直推。有些学校为了招揽或留住特长人才，往往给了特别优惠，免试推荐其就读研究生。常见的是体育类和文艺类特长生，比如学校的艺术团成员，但名额少，要求很严。第三种情况是免试推荐、保留入学资格。这类保送生不是马上就去读研，而是保留入学资格一两年，先根据安排去校内有关部门工作（如担任辅导员），或作为教育部门选派人员去边远地区支教。此类保送的条件相对要宽松一些，但也不是人人都能申请，一般只有表现突出的学生干部或活动积极分子才有资格。

保研分保内、保外。保内就是保本校的研究生，保外可以申报国内所有高校的研究生，前提是复试被该所高校录取。保外的参与渠道有两种，一是每年四五月关注各大高校研究生院，有保研夏令营通知；二是九月正式保研推免。两者并不冲突。夏令营和推免的招生流程大致相同，一般需要网上申报，投递简历资料，通过资料筛选后进入复试，也就是面试，一般50%以上参加面试的同学都会拿到预录取资格，也就是说保研成功了。无论通过哪种方式拿到预录取资格，切记做一名信守承诺的学生。

在这里要申明的是，保研不等于没有选拔，在确定要保外的时候，一定要复习专业课和相关知识，面试老师问的问题会是各种各样的。在保研时，导师看重的是成绩、科研、外语等各方面的综合能力，既能发表论文、成绩也不错的就很占优势了。

2. 学术型还是专业型，哪种适合你

2009年国家开始面向应届毕业生招收专业型硕士。由此，读研究生就多了一项选择，对于很多考生来说，也多了一分纠结。专硕还是学硕，到底该如何选择？

学术型硕士和专业型硕士有不同的培养目标和课程设置，比如法律学科，学术型硕士一般称为法学硕士，专业型硕士现在多分为两种，一种是法律硕士（法学），即本科专业也是法学，另一种是法律硕士（非法学），即本科专业是法学之外的其他专业。其实，学硕、专硕本身并无高低之分。全日制专业型硕士与学术型硕士一样可以拿到学位证书和毕业证书，含金量大致相同。

要说区别，首先，学硕倾向于培养教学和科研人才，专硕则重视实践，两

者是平行的。其次，从招考的难易程度上说，学硕的难度一般高于专硕。最后，从费用上说，专硕的学费远高于学硕；学硕每个人都有奖学金，而专硕只有部分人有，也就是说有一部分人要自己出全部学费。

但其实，学硕和专硕学的东西不会差很多，都是一些专业方向的研究生基础课程。至于就业，从最新的统计资料来看，在双导师制（除了拥有与学硕相同的学术导师，专硕的学生还拥有一名校外的在社会上颇具实力的专业型实习导师。很多时候通过实习导师的帮助，专硕的学生能够获得较多的推荐实习机会，在找工作的时候也能得到实习导师的帮助）下，专硕毕业生的就业情况要好于学硕毕业生，因为与学硕毕业生相比，专硕毕业生会更重视在校期间的实习机会以及专业能力的提升。

给大家的建议是：学硕课程的实践性较差，读学硕的同学在校期间要多做与专业相关的实习和兼职；而读专硕的同学如果想读博士的话，时间相对来说比较紧张，应提前做足准备。因此每个人都应尽早明确自己今后的发展方向。

3. 保研需要哪些资格

保研规则是由高校教务部门统一制定的，但是可以根据各学院的情况做适当调整，一般分为学硕和专硕两种情况：学硕的成绩排名必须达到一定标准，而对专硕的成绩没有强制性要求，按照综合素质排名（由成绩加权与发展分决定）决定名次。不同学院的具体规定可能有小的差别，可以询问学长学姐。

其实保研和获得奖学金一样，除了要求成绩优秀，还需要获得足够的发展分，即学术、学生工作等项目的加分。至于发展分的评分规则，可以仔细阅读你所在高校的素质发展分评定细则。有时候，一篇SCI论文（被SCI索引收录的期刊所刊登的论文）、一个国家级奖项，都可以使你获得较高的发展分。

具体来说，是否具备保研资格需要考查以下条件：第一，专业成绩排名（或综合成绩排名）。第二，英语（证书+口语+专业英语）。英语证书包括大学英语四级、六级考试成绩，雅思、托福成绩或GRE （留学研究生入学考试）、GMAT（经企管理研究生入学考试）成绩，当然是成绩越高越好。口语方面，基本的听说能力是应该具备的。专业英语方面，最好对专业词汇有所了解，毕竟进入研究生阶段，是要阅读大量的专业文献的，可以适当地背一背。第三，专业基础扎实。专业理论知识非常重要，毕竟是学了三年的东西，一定要非常熟练。不仅要知其然，更要知其所以然。第四，学术科研能力。如果你能发表一两篇高质量的期刊论文，那肯定再好不过了；如果没有，参加过相关科研项目或者学术竞赛也是可以的；如果这些都没有的话，在学校要求不是那么严格的情况下，可以提供一两篇能够代表你学术水平的论文。

4. 保研的流程是怎样的

申请推荐免试研究生一般有如下几个阶段。

第一阶段，6—8月，具备招收推荐免试研究生资格的高校陆续发布保研办法或简章。

第二阶段，8—9月，考生按高校要求准备申请材料，并在规定期限内寄送给高校。一定要注意申请材料的完整性。一般需要提交如下材料：申请表、自荐信、导师推荐信、成绩单、由申请者现所在学校教务处提供同意推荐免试的证明信、获奖证书及发表的学术论文等复印件，有的学校还要求提供英语水平证书复印件。

第三阶段，9—10月，院校组织笔试、面试。院校对考生的申请材料进行初审之后，将通知符合条件者体检、复试的时间及复试内容和要求。复试一般包括笔试和面试两个部分。笔试的内容相较于考研笔试来说会简单一些，但也不可小觑，可以咨询一下学长学姐，找到往年保研复试笔试试题，提前进行操练。面试的时候需要展示出自己对学科基础知识的掌握程度，以及自己具备一定的学术潜力。如果进入面试阶段，要表现得充满自信，落落大方；着装要得体，不用太正式，当然也不能太随便。要对自己的材料非常熟悉，能够自圆其说。不必在面试的考题上挖空心思，因为每一年的面试官是不同的，面试官每一阶段的研究重点也会有所变化，所以问的问题也是不同的。但要做到以不变应万变，控制面试气氛，让面试官随着你的思路走，将问题引到自己熟悉的内容上来。

第四阶段，10月，院校发布预录取通知。院校根据复试成绩择优确定申请人的录取资格。

第五阶段，10—11月，被预录取者参加考研报名。取得推荐免试攻读硕士学位研究生录取资格者，须在教育部规定的研究生统考报名时间内（报名时间一般在10月内，现场确认时间一般在11月内）履行正式报名手续，未办理正式报名手续者不能被录取。一般在第二年的6月，院校会寄送正式录取通知书。

这里需要提一提找导师的事情。导师的作用可能在正式推免的时候比较重要，一般要找和自己专业相关的、比较感兴趣的专业的老师，先给老师发送电子邮件，最好是附上自己的相关材料。这个时候，如果老师对你感兴趣，就会找个时间与你面谈，幸运的话，会让你尝试着跟他工作一段时间。一般老师都比较喜欢招保送的学生，毕竟相比考研的学生，保送的学生可以提前半年工作。另外，由于老师和你面谈过，如果你成绩优秀，老师就可能会给你一个初步的意向。

5. 保研夏令营

很多“211工程”“985工程”的高校都开展了保研夏令营，尤其是商学院。

申请过程一般是：第一，选择目标夏令营。开设夏令营的院校很多，你可以事先查看一下自己的理想院校有无开设夏令营，每个学校都会对申请者的专业成绩和英语成绩有所要求，大家一定要看好之后再申请。很多夏令营的申请条件是成绩排名在前10%左右。其实相比9月免试推荐的要求，夏令营对专业成绩排名的要求是放宽的。大家在报夏令营的时候，一个班级的同学一定要商量着来，尤其是排名靠后的同学，要尽量避免和前几名报同样的专业，机智地避开“窝里斗”，这样能获得更多的面试机会，否则保研名额就白白浪费了。

第二，网上申报。有些学校需要先在网上申报，要注意的是，提交的成绩排名要以教学服务中心开的成绩单和教务处的成绩证明为准，切不可伪造成绩。

第三，写个人陈述。主要介绍你的学术背景、在所申请的专业曾经做过的研究工作以及攻读研究生阶段的学习和研究计划、研究生毕业后的就业目标等。写作的原则是目标明确、重点突出、言简意赅，在写作的过程中，要注意以事实说话、以数据说话，能量化的尽量量化，毕竟数字的力量是强大的；要紧紧围绕“我”，不要列了一大堆的成果，而你只做了其中很少的一部分；要尽量采用行为化的语言来表述。

第四，准备推荐信。通常会要求有两到三封推荐信，你需要按照要求找老师写推荐信时。或者找资历深、影响力大的老师，或者找熟悉自己的老师。

第五，开成绩证明。到院系的教务管理部门去开就可以了。

第六，准备获奖证书、科研成果、英语水平证明等材料。

第七，邮递材料。一定要注意申请的截止日期，有些学校是以邮戳为准，有些学校是以邮件到达时间为准。投递一周后，最好打电话确认一下。

准备材料的过程非常琐碎，而且不可能一次就做完，很考验时间、体力和脑力。找老师写推荐信、到教务处盖章、院系签字都是很麻烦的事情。大家一定要尽早准备，避免到截止日期时材料投不出去。

二、考研

1. 你为什么要考研

和保研不同，考研要经过更漫长的过程，所付出的时间成本要更多。如果失败，意味着长达两三个月、一年甚至更久的准备化为泡影。商业社会中，经济收入成为衡量人才价值的标准之一，而读研就意味着未来两三年放弃工作，几乎没有收入。

当然，考研有很多好处，比如你喜欢学校轻松的环境、简单的人际关系、丰富的校园资源，想继续深造；你认为自己的能力和知识还不足以应对工作，想多积累知识经验，获得更高学历，为以后争取更大的发展空间；你的成绩不好，想继续学好本专业，抑或不喜欢本专业，考研正好提供了换专业的好机会。考研，也是一个挑战自己、检验自己的机会。放眼社会，你会发现有志之士都在选择学习成长的道路。一分耕耘，一分收获，大多数读过研的人在很多领域获得了不同程度的成功，很少有人对两三年寒窗感到后悔或遗憾。两三年的历练，造就了职场上大批的精英。

2. 考研之前

在下定考研的决心之后，接下来要做的就是定方向和目标了，即确定要报考的学校和专业。这里需要处理好三个关键问题：一是你要报考什么样的学校，比如综合排名前十位的学校、“985工程”“211工程”学校；二是你对学校是否有地域要求，这主要涉及将来的就业问题；三是你要考什么样的专业，是学硕还是专硕，是在本专业继续深造，还是跨专业，等等。

建议同学们结合自身情况，认真思考这几个问题，并尽快确定报考的学校和专业。

如果确定了要考研，要尽快获得目标学校专业的信息，通常有以下几个途径。

第一，招生简章。一般在7月至8月初，各个学校的研究生招生主管部门（研究生院和研究生处）公布招生简章，上面会列出：招生单位名称、代码、通信地址、邮政编码、联系电话，招生的专业人数，导师（有的不刊登，多属于集体培养），考试科目、使用的参考书；有的还会列出委培、自费等人数，但保送、保留学籍的名额一般不列出来。可以看出，大部分招生简章上的信息对于考生而言是远远不够的，更详细的信息需要自己去打探。

第二，系办印发的说明和专业课试题集，比如历年报名人数、录取人数、录取比例、录取分数、参考书目等。如果系里能公布最近几年的专业课试卷，那对于考生是莫大的福音。即使没有，很多考研的网站也收集了不少专业课试题，你可以去找找。

第三，导师。如果能和导师联系上，得到他的一些指点，无疑会如虎添翼。但这并不容易，因为导师一般都很忙。

第四，在读研究生。和导师相比，在读研究生要好找一些，能提供的信息也要更“实用”。

第五，很多考研的网站能提供很多信息。

3. 考研流程

考研的流程一般包括报名、初试、复试、录取。

考研报名包括网上报名和现场确认两个阶段。网上报名一般在每年的10月，填写报考信息时，考生只能填报一个招生单位的一个专业。现场确认一般在每年的11月，考生需要在网上缴纳报考费后持本人身份证、学历证书和网上报名编号进行现场确认。由报考点工作人员核对，考生确认本人网报信息，报考点按规定采集考生本人图像信息。

考研初试一般在12月底，进行4门考试（也有3门或5门的），每门考试约3个小时。考试地点一般在地市一级教委高招办设立的考点，或者招生的高校，考生在报名时可以选择这两种考点。

考研复试一般在第二年的三四月，为差额复试，也有少数专业会选择等额复试。虽然大部分专业的复试比初试的录取率更高，但考查的难度也更高，为了不前功尽弃还是要好好准备。复试一般包括专业课笔试、面试以及英语或其他小语种的笔试、面试。

如果你不幸没有达到所报考院校的复试分数线，但过了国家线，那么你可以尝试申请调剂。待教育部公布进入复试的基本分数要求后，考生可通过中国研究生招生信息网进入调剂服务系统，时间大约在春季开学后1~2周。调剂的主要渠道有两个：第一个是网上渠道。不少大学的研究生部网站上都有网上调剂信息登记系统，大家可以通过登录系统提出调剂申请。第二个是电话渠道。一旦发现自己的分数可能达不到报考院校的分数线，除了上网查询并申请调剂，还可以选定几所可能录取自己的学校，向他们的研究生院打电话获得最新信息，并最好联系上该学院相关专业的导师，往往导师的肯定在这时能起到关键性的作用。尽量不要坐着等学校来找你，调剂也是一个残酷的竞争过程，你晚去一步，位置就可能被人占了，一定要尽早行动。

复试通过后，学校将发函到你的档案所在单位，将你的档案调往学校，审查没有重大问题后，将会发放录取通知书。接到录取通知书，你就可以按照上面的报名时间（一般在9月初）背着行李赶往心仪已久的学校了。

4. 考研各科准备

考研科目一般分为公共科目和专业科目，公共科目包括英语或其他小语种、政治、数学或联考，对于不同的学科，考试科目也有所不同。

相对于大学英语四级、六级而言，考研英语还是比较难的，尤其是长难句偏多，生词量大。复习前期，建议把单词书背熟，这样在做阅读题时就游刃有余了。在复习的后半段，主要的任务是研究真题，近十年的真题必须反复拿来研究，可以找研友们推荐的经典书目，根据需要选择适合自己的阅读。做真题的重点并不是看对错，而是从中琢磨出题人的出题意图，并形成针对某一类题目的解题方法，这样做题会有事半功倍的效果。

对于考研政治，等9月底教育部的考试大纲出来再准备也来得及，理科同学时间充足的话可以提前翻翻教材了解大致内容。建议同学们按以下四个步骤来复习：第一步，透彻地理解各知识点的内容。这一阶段考生只要能够对书中的所有内容没有障碍地理解就足够了。第二步，熟读教材辅以适量习题练习。第三步，集中记忆部分特定知识点。在考研政治理论之中存在极少部分的知识点（不超过50个），对很多同学来说是不易理解的，所以需要将其专门集中起来（可使用一页纸总结出来），进行突破式的记忆。第四步，利用冲刺阶段的教辅熟记知识点，并适量做一些真题研读答题技巧。

对考研数学的复习，第一轮复习要仔细看课本，如果时间允许的话，把课本中的例题和书后的习题都做一遍。第二轮通过做题来训练做题技巧和查漏补缺，需要耐下性子从基础开始，课本中的题都不要放过，书中每章的总结也是很不错的。碰到一些重点的内容，建议背一背。第三轮复习要做一下往年的真题。到最后的冲刺阶段，建议按照考试时间做模拟题。

对于考研专业科目，这里能够提供的指导意见不是很多，毕竟每个学校的每个专业都存在较大的区别，前期准备上你必须获得充分的信息，找到完备的复习资料，并踏实看书复习。关于如何复习，每个人都有自己的方法，建议大家可以咨询考上自己目标学校的学长学姐，多向他们取取经。

5. 考研经验谈

凡事预则立，不预则废。考研复习是一项系统工程，下了考研必胜的决心，明确了考研的目标和方向，这只是做了最基础的事。接下来就得做好考研复习计划，先把大块的时间规划做好，再在每个阶段做具体安排。比如英语单词，首先计划一共背六遍，暑假两遍，9月、10月、11月和12月各一遍，再具体计划暑假每天背两个单元，并且把前一天背的单词复习一遍。计划做好了，一定要尽量按时完成，否则一天拖一点点，一个月就落在别人后面了。当然，你需要根据自己的复习情况做适当调整。建议把时间点尽量提前，避免突发事件的影响。

一旦制订了详细的复习计划，就必须严格按照计划去执行，并形成个人有规律的考研复习作息。事实上，考研成功者无一例外都是那些具有强大执行力的人。他们按照自己的考研复习计划做事，从来不盲目跟风，不为外界诱惑所动，忍受得住寂寞，享受做题的快感，一步一个脚印稳扎稳打，百折不挠地执行到底。对于执行力不强的同学而言，如何增强执行力呢？这里就需要你想办法克服那些影响你执行力的缺点。当然首先你得自我剖析，找到这些缺点，或者让好友帮你指出你身上存在哪些缺点，比如拖延、懒惰等。可以想想如何寻求他人的帮助或借助他人的力量来克服这些缺点。

考研是一场持久战，也是一场心理战，需要你的坚持。谁能坚持到最后，谁就能笑到最后。三天打鱼，两天晒网的人，注定只能是失败者。或许一开始这是一种煎熬，但随着你的复习渐入佳境，又别有一番乐趣。请记住这句话：坚持的过程就是努力的过程，有坚持不一定胜利，没坚持一定会失败。

三、出国

1. 你为什么要出国

你的朋友圈是否经常被代购信息刷屏，商品琳琅满目堪比淘宝?你是不是通过朋友圈就可以足不出户，领略世界各地的风光？国人出国留学的群体，已经由从前的研究生变成现在的小学生。你是不是也心动，想要走出国门呢？

出国旅游很简单，但出国留学并不容易。不要心急，大学四年有足够的时间做决定。出国留学前，最重要的事情就是选择。越来越多的人选择出国留学，这体现了人们对国外教育的肯定，也得益于生活水平的提高。但平心而论，你周围是否有人是因为在国内读不下去了才出国的？出国留学不是逃避，而是深造，记住这一点，才能让你的留学有意义。

但出国留学真的就这么好吗？这得客观看待。

首先，出国留学需要一笔不菲的费用，而这笔钱可以说是有风险的投资。其次，留学虽然能接触前沿的知识，结识行业顶尖的教授和人脉，但是否能在国内大显身手，这是想回国发展的同学需要认真考虑的。最后，留学的生活虽然表面上光鲜亮丽，但是异国他乡的苦也是谁尝谁知道，尤其对于女生，这将是不小的挑战。

其实是否选择出国留学，是见仁见智的问题。规划不同，选择就不同，只要不盲目跟风就行。至于选择什么国家（地区）、什么大学，也没有标准答案。有的人是冲着德国的工科情怀，有的人是冲着法国的浪漫氛围；有的人喜欢欧洲的文艺，有的人喜欢美洲的嘻哈；有的人选择了奖学金，有的人选择了名气。虽说是留学，但很多与教育无关的因素都会影响最终的选择。选择没有对错，适合自己的就是最好的。当然越早做决定越有优势，这样可以有更多时间准备出国考试和其他材料。

2. GPA（平均学分绩点）

做了决定之后，就可以开始做准备了。先备战出国考试，对分数有把握之后开始思考心仪的学校，准备文书材料。

总的来说需要准备的主要有以下材料：各种成绩单，如大学期间的成绩单、出国考试的成绩单、专业认证考试的成绩单；各种证明，如存款证明、在读证明、毕业证明等；各种展示自身价值的东西，如获奖证书、推荐信、履历（CV）、个人陈述（PS）。说起来没几个材料，但这些都是耗时耗力的工程。

先说GPA。虽说是老生常谈，但无论去哪个国家，如果想申请好的大学，最关键的不是语言成绩，而是GPA。GPA是大学本科四年学习情况清晰的写照，也是对专业知识客观的评价，理工科专业尤其看重GPA。从大学的第一门课开始，它就像身上的烙印一样抹不掉。对于成绩优秀的同学来说，它是个性的刺青，而对于成绩较差的同学来说，它可能是伤疤。当你意识到GPA不够的时候，为时已晚。

在申请留学的时候，GPA有统一的算法，3.3以上才有可能申请到名校。虽然有的学校并不会给出GPA的具体要求，但在招生公告上，往往会写上往年的平均GPA或者最低分数。

最后提醒一下，GPA 3.3相当于83分，对于刚结束高考的你，也许习惯了试卷上的高分，认为这不算什么，再不济也就这个分数吧。然而，多少英雄好汉就是倒在了轻敌的大一、大二时期。所以同学们一定要提高警惕，时刻提醒自己不能松懈。留学路漫漫，一定要步步为营。

3. 考考考

同学们可能经常听说某个班的尖子生的托福、雅思又考出了多少分。然而你真的了解它们吗？

托福（TOEFL）和雅思（IELTS）都是语言能力测试，就像对外国人开放的汉语水平考试一样。TOEFL是Test of English as a Foreign Language的缩写，而IELTS是International English Language Testing System的缩写。两者通过考查你的英语水平，评判你能否在英语国家生活。托福主要适用于申请美国和加拿大的学校，而雅思主要适用于申请英联邦国家的学校，当然现在越来越多的学校两种成绩都接受了。

两者之间还是有很多差别的。虽然都设立了听、说、读、写四个项目，但评分标准不同。托福总分120分，四科单项都是30分，在申请的时候往往比较关注总分，基本要求在100分以上，而对单科的要求没有雅思那么严格。雅思单科和总分满分都是9分，总分和四个单项成绩均允许出现半分，总分是四个单项所得分数之和经过平均后，取最接近的整分或半分。接受雅思成绩的学校，相对来说对单项的要求比较严格，很多同学往往因为单项不过7分而需要重考。另外，托福考试是机考，包括口语考试也是电脑记录了音频之后发给美国的考官，进行评分。而雅思则是传统的考试方法，口语是通过与考官对话的方式考查。另外，两个考试对于知识的考查侧重点也是不一样的，这也导致它们的重点词汇不同。至于哪个简单的问题，很多说法都不可相信。能力不足的人才会去考虑这样的问题。

两个考试准备的过程虽然有所不同，但最重要的都是单词的积累，取得了高分的学生都说，直到考试前的最后一天，单词书也要形影不离。单词反复背个五六遍是家常便饭，工作量大还枯燥，但一定不要急着进入做题阶段。等到单词背得差不多的时候，就可以进入做题阶段了。无论雅思还是托福，都会有五花八门的培训课程。建议自律性不错的同学可以上网络课程，既能省下不少时间和金钱，也能达到进阶训练的效果。但是，名师领进门，修行在自身，课程里老师只是传授做题技巧，而在大部分的备战时间里，靠的都是自己收集材料，自己做题练习。有一些网站上面有很多复习的材料，还有过来人给大家分享经验，答疑解惑。

接下来再说说GRE和GMAT。GRE和GMAT类似于国内的研究生考试，都分为阅读和数学两大部分。GMAT是专门为商科学生设计的研究生考试，而GRE则适用于多学科研究院的申请者。区别于托福和雅思的是，这两个考试考查的是学生的学习和科研能力。GRE的阅读更难，而GMAT的数学更难。总体来说GRE侧重词汇量，因此准备的周期也比较长，而GMAT对词汇量的要求则没有那么严格。很多考过的前辈们在分享经验时说，只要有托福词汇的底子，备考GMAT几乎不需要专门背单词，只要边练边背就可以了。但是，GMAT侧重考查逻辑。如果你已经适应了文科思维，或者记性很好但是分析能力稍欠的话，可能在这个方面会吃亏。同样网上也有各种各样的分析和备考建议，大家可以在网上学习，这里不再赘述。

此外，还有其他的语言考试和一些专业认证考试，大家可以多去借鉴别人的经验。

4. 申请材料

出国留学的申请材料中除了成绩单，还有一些展现个人实力的重要材料。实习经历、科研成果都会成为评审官眼里的闪光点，而且一封极具特色的个人陈述也是必需的。前文提到的推荐信一般需要三封，申请者的推荐信大多大同小异，同学们可以自己去争取，让出国交换期间的教授或者实习单位的领导帮你写，都会加分。CV是 Curriculum Vitae的缩写，与其翻译成简历，不如翻译成履历。它的内容比简历更集中于学术工作，可以算是一份大学期间的综合成绩单，上面应该挂上“勋章”而不是自画像。最后再说说PS（Personal Statement），这是一个考核写作能力的部分，内容包括你如何痴迷于申请的学校，打算如何在行业里大显身手，或者描述一下最有收获的科研经历，它的作用就是要说服教授将你收入门下。

那么该如何准备呢？有的同学为了方便，花钱委托有经验的留学中介机构，价格一般是1万~6万元。中介机构有很多案例经验，从备考到文书创作再到学校的选择都是一条龙服务。但毕竟是第三方，服务质量参差不齐。同学们一定要选口碑好的中介，以免误了出国大事。也有的同学觉得自己准备会更用心、更出彩，还能省下一笔不菲的费用。如果时间充裕，这也是一个不错的选择。

如果成绩相差不大，那么有越丰富的工作经历，越和专业相符的研究经历，就越有优势。但是不要想着靠这些力挽狂澜，当教授面对如此多的申请的时候，分数低的简历很容易被淘汰。所以不要顾此失彼，但也不要只顾分数。

四、考公务员

1. 公务员考试

考公务员近些年来一直是热潮，相信很多同学刚踏入大学时，就被父母灌输了要考公务员的观念。原因有三：首先，公务员是终身制的，而且竞争压力相对小，对于追求稳定安逸的人来说是一个非常好的选择。其次，政府机关可以提供一个成长平台，尤其是考专业对口的单位和部门。以法学专业为例，如果不考公务员，毕业后对口的工作无非是律师之类，但是律师跟医生一样，是越老越吃香，所以对一个毫无经验的年轻人来说成长会非常缓慢，因为接不到案子。但是如果考进法院或者检察院，每天耳濡目染的都是大量鲜活的案例，能够马上熟悉业务，飞速成长。最后，在普罗大众的眼中，公务员的社会地位高，对于多数抱有仕途理想的人来说，这是一条必选之路。

在毕业的众多出路中，应届生考公务员有一定的优势。首先，大多数的公务员职位要求学历是本科，有专业限定，但不要求考生的成绩是专业前10%，不要求参加过学生会，也不要求必须是男生。其次，选拔公平，就业歧视少。不要求考生的生源地（京、津等地有要求是因为户口迁入问题），不要求有家人在本行业，不要求面试当天恰好合了面试官的眼缘。考公务员是一条相对公平的就业道路，国家规定不允许对残疾人、患有某些疾病和生理缺陷的人有歧视。最后，成本低廉。几十元到一两百元的报名费，把笔试、面试都包括了；面试时间、地点提前通知，大可以坐火车、公交车过去，某些面试候考区还准备了面包给等候的人。即使对于经济捉襟见肘的学生，也是可以承担这笔费用的。

当然，进入公务员系统也有一些不足之处。如果你的性格不是追求安逸稳定，也没有走仕途的理想，或许应该好好考虑别的选择。另外，公务员收入有些局限，通常比不上大型企业的薪酬水平。至于工作清闲，恐怕也未必。很多公务员都会面对烦琐的工作，加班也不在少数。

主要还是得看自己看重的是什么。

2. 考试流程

公务员考试分为中央和地方两种，单独进行，可以同时报考，相互之间不影响。考公务员的流程分为报考、笔试、面试、体检和考察。报考的话，你需要浏览报考信息（考试公告、考试大纲、职位条件一览表），然后选定职位。

开始网报时，你需要登录网报网站，填写报名信息并上传照片，等待审核，审核通过后网上缴费，缴费成功就代表报名成功。需要注意，当下大多数省市均采取网上报名的方式，并在网上直接打印准考证，现场确认报名。中央、国家机关公务员考试包括笔试（公共科目、专业科目）和面试，笔试主要考行政职业能力测验（以下简称行测）和申论，专业科目根据需要设置。各个地方的考试科目都是地方自定的，一般都有笔试和面试。笔试科目各有不同，要报考地方公务员的同学需要注意查阅当地政府公布的招考简章，以便有针对性地进行复习。

面试人数与计划录用人数比例一般有3：1、4：1、5：1三种，笔试后，按计划录用人数与比例确认面试人员名单。面试结束后，将按照综合成绩从高到低的顺序确定进入体检和考察环节的人选。录用人员由招录机关按规定的程序和标准从考试成绩、考察情况和体检结果合格的人员中综合考虑，择优确定。

3. 公务员考试备考经验

公务员考试笔试一般包括两大部分：行政能力测试和申论。每门考试都有基本的题型，也有创新的题型。首先大家要对这两门考试科目有一个正确的认识。前者考查的内容比较宽泛，各方面内容均有，数量关系的、常识性的、文学方面的、推理方面的等。我们每个人涉猎的范围毕竟有限，所以这科的复习效果相比申论是比较显著的。建议两科分别找一本系统性的书看一遍，了解一下基本题型，有了一个宏观的认识以后，就可以丢开教材，进行高质量、灵活多变的题目训练了。复习绝对不是死记硬背，重点应放在对题型的了解、对解题方法的学习上。再有，行测对解题速度要求非常高，所以在训练时要注意这一点。

申论考查的是阅读材料能力、分析概括能力、逻辑思维能力、文字表达能力。主要考查方式是写公文，需要注意学习它的表达方式及格式。能作为考试材料的事例很多，有人复习申论时把热点和国家大政方针都死记硬背了下来，这倒也没有必要，只要做到对这些政策有一个基本的认识，知道它制定的出发点、主要方向就足够了，否则一味在答题中谈大道理还极有可能跑题，给人生搬硬套的感觉，自己的论述反而不明确。训练的过程中，应将重点放在对自己能力的训练培养上，做过的材料不在多，而在精。

面试的话，最好能够进行提前演练。如果资金充裕，可以报考面试班；如果没有富余资金，最好买一本应对面试的指导书，要清楚面试官考查的是你哪方面的能力，自己哪方面比较薄弱。另外，入围面试的每个人其实都站在同一起跑线上，因此，面试过程中摆正心态很重要。

总体来说，公务员考的还是一个人的思维能力、总结能力和创新能力等，要想顺利通过笔试和面试，多做题、多总结是一方面，平时也要注意各种知识的积累。

五、找工作

1. 工作不一定与专业对口

有人说，大学的专业与未来职业以及长远的人生规划是直接相关的，用人单位在招聘新职员时，一般情况下首先考虑的是应聘者的职业素质和所学专业、特长及相关经历。专业标签是进入某些职业的有效通行证，不同专业适宜的就业方向是不一样的，因此选择了专业，也就为今后的发展确定了一个初步的方向。在这种意义上，大学专业的选择，就是职业生涯规划的第一步，也是人生规划的第一步。也有人说，大学是综合学习和提升知识和能力的地方，大学所学专业和就业的关系不是很大，关键是在大学里要提升自己的学习能力和综合素养。

其实，未来工作如果能够与自己专业对口的话，肯定是再好不过的。但在当今这个高度信息化和知识化的时代，用人单位更加看重的是人的素质、知识结构和能力。一个在学生阶段就能培养起较强学习能力的人，其专业的拓展能力、职业的适应能力必定不差。这样的人，将来无论在哪个行业都是可能收获成功的。所以，未来的发展取向也并不完全取决于大学时期的专业选择。

明白了这些，在进入大学学习时，不必过于纠结所学的专业与未来就业的关系问题。专业本无好坏之分，关键要根据自己的兴趣特长、个性特点、发展目标做出合理的选择。无论学的什么专业，打好专业基础、全面提升个人的职业素质，才是你最该考虑的。

2. 实习面面观

刚进入大学时，有人跟你说要尽早实习，也有人跟你说要好好享受大学生活，不着急实习，不同的人对此有不同的观点。这其实跟个人的规划有关。假如你想毕业后马上找到一份好的工作，建议你越早实习越好。在不耽误学业的情况下，大一的寒暑假就可以开始实习。如果你想毕业后出国深造，最好还是把重心放在雅思、托福、GRE、GMAT等考试的准备上。假如你想保研，建议不着急实习，寒暑假多参加一些研究项目，比如大型学术比赛，GPA能考多高就考多高。在这些都能兼顾的情况下，建议在大四保研成功后再开始实习，锻炼能力。

但无论上述哪种情况，实习是大学生毕业必须经历的过程，也是你能力的证明，可以加深对职业的了解，确认喜欢或擅长的职业。实习时真实的工作环境能让你发现自身不足，提升自己的综合素质，增加工作经验。从学校到职场，从学习到工作，从学生到员工，身份发生了质的改变，而实习正提供了这样一个过渡的机会。另外，实习可以增加你找工作的竞争优势，会是你简历上精彩的一笔。

那么，如何才能找到满意的实习机会呢？除了前文说过的，这里再补充一些：①在本校的就业指导中心寻找实习机会。许多公司在招募实习生时，往往先和校内就业指导中心进行接触和联系。②浏览各大公司网站的招聘主页。这些公司每年都会集中招募实习生，此时投递简历是最好的办法之一。③加入各大公司的学生俱乐部。通过加入这些俱乐部，或者参加它们的宣讲活动，会优先获得实习信息。④浏览各个名校的网站，这里常常会发布相关实习信息。⑤登录知名人才网站，如中华英才网、前程无忧、智联招聘、BOSS直聘等，网站首页常常会发布一些企业的实习信息。⑥利用人脉关系，通过已参加工作的同学、亲戚、朋友来获得实习机会。⑦参加跨国公司的商业大赛，如微软“推荐就业之星”大赛，可近距离接触跨国公司的招聘人员。⑧申请奖学金计划。如普华永道设立的“容永道会计学奖学金”，通过层层选拔后获胜的学生将获得资助和实习机会。

当然，获得了实习机会，并不代表你就可以高枕无忧，实习只是第一步。你需要注意：

第一，要了解公司或单位的情况，如公司或单位人员、工作程序和规章制度等，这样就可尽快开展工作，也为实习结束后是否在该公司或该行业继续发展提前做准备。

第二，把实习当作正式工作对待，按时上班，最好能够提前5~10分钟。腿脚勤快点，打扫办公室卫生、倒茶水、整理报纸这些小事，有时间就多做做。

第三，不管你是名牌大学还是一般院校的学生，一定要保持谦虚好学的态度，多向指导老师和其他同事请教学习，要认真完成老师交给你的工作任务，千万不要轻易说出“我不行”的话，更不能挑三拣四、讨价还价。

3. 面试小技巧

面试对你来说并不陌生，大学社团、学生会等的面试你参加了不止一两场吧！但是，工作面试毕竟不是儿戏，放松心态的同时也要好好准备。想不想成为“面霸”，在各种面试中所向披靡？虽然有点难，但只要掌握好方法，还是能做到的。你不妨试试以下几个小技巧。

第一，保持诚实。面试时，面试官往往有好几个人，其中不乏专家、学者，所以你在回答一些比较有深度的问题时，切不可不懂装懂，不明白的地方就要虚心请教或坦白说不懂，谦虚谨慎的态度才会使你给用人单位留下诚实的好印象。

第二，准备充分且随机应变。面试前除了进行道德、知识、技能、心理准备，还要了解和熟悉求职的常识、技巧、基本礼节，必要时同学之间可模拟考场，事先演练，互相指出不足，到面试时就会减少紧张感。另外，即使准备再充分，也可能遇到自己没有准备的问题，此时面试的成败大多取决于你是否机智果断、随机应变，当场把自己的各种聪明才智发挥出来。

第三，要扬长避短。每个人都有自己的特长和不足，无论是在性格上还是在专业上都是这样。因此在面试时一定要注意扬我所长，避我所短。

第四，展现潜能。面试的时间通常很短，你不可能把自己的全部才华都展示出来，因此要抓住一切时机，巧妙地展现潜能。例如，应聘会计职位时可以将正在参加计算机专业的业余学习情况“漫不经心”地讲出来，可使对方认为你不仅能熟练地掌握会计业务，而且具有发展潜力。展现潜能时要实事求是、简短、自然、巧妙，否则会弄巧成拙。

第五，增强自信心。面试时，你往往要接受多人的提问，不可避免地会紧张。这时你不妨将目光盯住主考官的脑门，用余光注视周围，既能增强自信心，又能消除紧张感。在面试过程中，考官们可能会交头接耳、小声议论，这是很正常的，不要把它当成精神负担，你可以想象他们的议论是对你的关注，这样你就可以增加信心，提高面试的成功率。面试中考官可能会指出你回答问题时的不足甚至错误，这也没有必要紧张，因为每个人都难免会出点差错，能及时纠正就好，是事实就坦率承认，不合事实还可婉言争辩，关键要看你对问题的理解程度和你的自信程度。

4. 找工作难也不难

俗语说：“良好的开端是成功的一半。”找工作之前首先应该自我定位，才不致陷入盲目跟风的境地。一般而言，你要根据自己的专业方向、爱好特长、家庭背景、发展机遇等多方面因素综合考量，规划好自己的职业生涯。

在找工作之前，你首先要准备至少一套面试用的正装，不必太奢华，大方得体即可。其次，汇总一下你从本科以来的学生经历，把其中的优秀部分整理出来，制作一份优秀的简历。简历是自我推销的展台，也是用人单位了解你的窗口，内容通常包括：学习履历、学业情况（学习成绩、资格证书等）、获奖情况、社团工作情况、学术研究论文发表情况、实习实践经历等。简历既要信息全面又要重点突出，通常一两页即可。求职过程中许多同学感慨自己的面试机会少，也许不是因为你不优秀，而是简历不出彩。最后，照一套好看的证件照，好看的证件照也能让面试官耳目一新。

信息时代，掌握最新的信息是制胜的关键。求职也不例外。获取招聘信息的渠道是：专业招聘网站、高校招聘会、师长同学的介绍等。网投简历已成为主流，发布招聘信息的网站主要有应届生求职网、中华英才网、前程无忧、智联招聘、各高校的就业信息网以及各地的人事考试、人力资源网等。参加每一家企业的笔试、面试之前，一是要充分了解该企业的基本情况、运营状况、发展前景等，这往往会成为笔试、面试中的瓶颈。二是要提前敲定出行线路，或者提前去笔试、面试地踩点，以免路线出错导致迟到。三是要携带必备的证件、简历等，以备不时之需。

企业的笔试相对比较简单，不同企业考查的内容也不同，你可以事先做个了解。

对很多同学来说最难的是面试。因为它的形式不固定，有无领导小组讨论模式，也有结构化模式。无领导小组讨论往往设定一个话题、案例或场景，一般6~10人一组，在限定的时间内大家自由讨论，最终向考官提交讨论结果。建议大家在面试时做leader（领导者）、time controller（时间控制者），这些经验需要大家在一次次面试实战中总结。面试既要展示个人能力、知识，又要展现个人的性格、品质，这也是面试官关注的。因此在面试时要充分发挥、言简意赅、富有逻辑性，同时注重团队合作，切忌空谈和以自我为中心。此外对有志于进入外企的同学，英语的重要性不言而喻。

企业招聘往往集中于每年的10月至第二年的3月，相信不少同学会在此期间收到不少录取通知书。但是我想告诉大家不要急于签约，除非遇到自己心仪已久的单位。一定要多和导师、家长沟通。因为可能还会有更好的工作在等着你呢，毕竟学校给的就业推荐表和三方协议只有一份，所以签约选择时一定要慎重。

其他建议

* 给自己拍一张好看的形象照吧，微信头像可以换一下了。
* 关注学校的校友会，进入社会不管到哪里，校友都自带几分亲。
* 少喝点儿成功学鸡汤，成功从来都不可复制，做好自己当下的事才是根本。

听HR说

某知名地产物业公司人事主管

给大学生的建议：

想要应聘顺利，提前做些准备还是很有必要的。用心准备过的和随意来碰运气的，对于我们做人事的来说，一眼就能看出来。甭管能力是不是最突出的，至少先把态度拿出来。

采访内容整理：

在招聘应届毕业生的时候，我们会关注简历上的一些基本信息，像学历、专业、证书等，也会比较看重求职者的形象。应聘者简历上的照片，会给我们留下一个直观的印象。拥有一些资质证书，尤其是跟岗位所需专业相关的，会是不错的加分项。

面试的时候，能力就是重点了。应聘者的表达沟通能力、逻辑思维能力，在我们的一问一答间就会有一个清晰的感受。而解决问题的能力以及专业技能，比如开发人员需要掌握的开发语言、系统能力等，我们主要通过对应聘者过往经历的探讨去验证，比如学校活动经历、实习经历等，我们会考察他在这些经历里担任的角色、承担的职责和项目执行的过程，从他表达的细节中去验证他是否真正具备这些能力。我们也会看到一些应聘者，看起来经历是丰富的，但细问起来，对项目的体会并不深刻，很多细节也不够了解，很明显就是自己没有深度参与。

我们为公司不同的部门进行新人招聘，用人部门在我们沟通的基础上还会看重应聘者的发展潜力。他们一般会向毕业生提出一些开放性的问题，然后观察他们如何思考和应对。

试用期间，除了专业能力强以外，学习能力强、心态好、做事积极、能举一反三的人，更容易被最终留下来。应届毕业生进入工作岗位，通常不会一来就能力非常强，毕竟学校的理论知识和一线的实践还是有差距的。但是如果能力并不是很强，也没有主动学习、主动干活儿的意识，各种偷懒、挑三拣四，听不进意见，那带起来就非常累了。因为不但要教他做事，还要教他做人。

大学生如果想毕业就有一份好的工作，可以提前做一些准备。

（1）先认真了解自己，自己的专业、学历、实习经历、个性特征、优势等，思考自己适合的方向，通过对自己的判断来确定行业和岗位。发挥自己的优势通常要好过补短。不要跟用人单位说："我来应聘这个岗位，就是因为自己这方面弱，想要得到锻炼。"用人单位用的就是你的优势，没有帮你弥补短板的义务。

（2）主动收集一些你想应聘的相关行业、岗位的信息，并了解这些行业、岗位需要哪些技能，结合自身的学习经历或实习经历，在面试的时候重点突出与行业、岗位相匹配的经历。

附：漫画

精彩的大学生活

每个人的大学生活都不一样，但是每一刻的时光都会形成日后美好的回忆。大学的生活多姿多彩，同样也会发生许多啼笑皆非的事情……

雏鹰离巢

乖孙子，以后记得按时吃饭。
我早叫你们不用跟来。别人以为我多幼稚呢！
报名完了，我们就走。
以后很难照顾到你啦！
①
我已经是大学生了，今后的路我自己走。雏鹰只有离巢，只有历经风雨，才能展翅翱翔！
②
这孩子！
孙子好样的！
儿子长大了！
虽然这么说，可妈妈还是不放心你呀！
③
……
……
不过，你们还是要给我一张限额的信用卡，每个月我透支的钱你们帮忙还上……
④

请讲普通话

小毛，我有个问题不明白的啦。为什么出来旅游的啦，人家卖给我的东西就这么贵的啦？摆明宰人嘛！
你在北方待了这么久，还没感觉到？
①
我真的“母鸡”（不知道）的啦！我长得也很像北方人的啦！
问题就出在你的“普通话”上，自己领悟去……
②

高手过招

同学，你好！我是XX大学的学生，是到这边来学习交流的，我跟老师走丢了，行李也被偷了，能不能借点钱打个电话呢？
车站
实在太不幸了，同学放心，一点小钱我还是有的，你别着急啊！
谢谢同学啦！
等等，你说你是XX大学的，问你个问题：x^2 求微分是多少？
什么东西？
哼，小气，不做你这单生意了！
骗子，幸好被我识破了。

违章电器

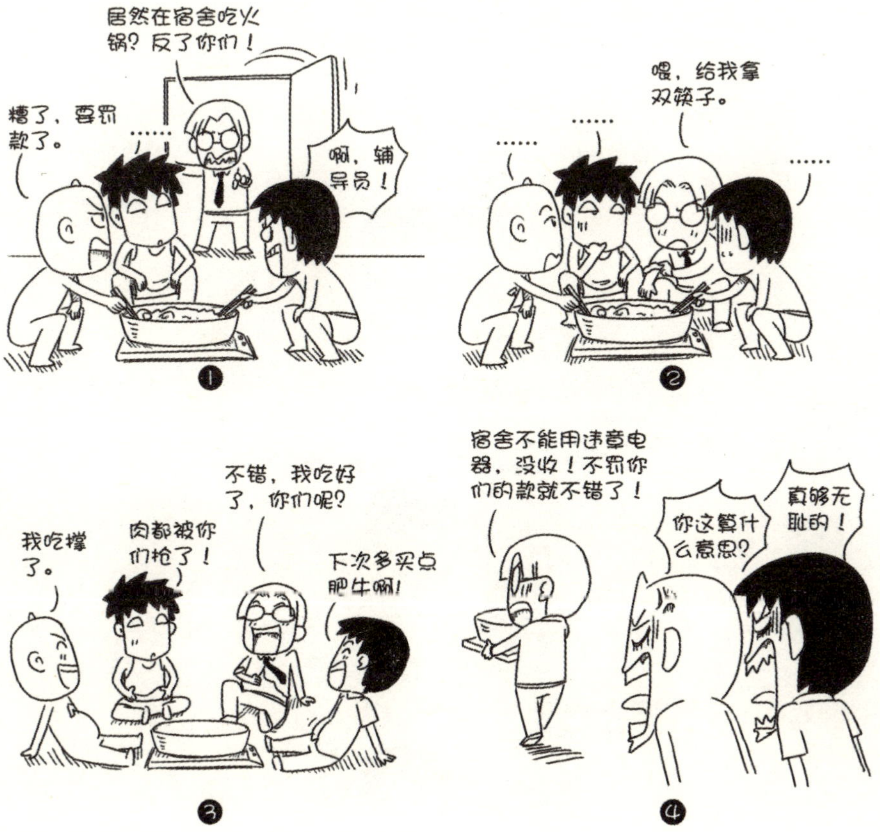
糟了，要罚款了。
……
居然在宿舍吃火锅？反了你们！
啊，辅导员！
……
……
喂，给我拿双筷子。
……
我吃撑了。
肉都被你们抢了！
不错，我吃好了，你们呢？
下次多买点肥牛啊！
宿舍不能用违章电器，没收！不罚你们的款就不错了！
你这算什么意思？
真够无耻的！

耐心指导

大学里会遇到一些和蔼可亲、对学生耐心指导的好老师。

学习计划

每学期开课的时候……
这游戏不错，App Store上下的……
你们太小看我了，这种课半个学期就能搞定。
你们不学习，到时候我可不管你们啊！
科代表
1
放心吧，我又不用拿满分，学一个月也有80多分的。
期中考试成绩这么差，还不学习?
2
这个……还有两个星期，到时候学习一下重点内容，应该能及格了。
过两周就考试了，你们还这样子……
3
美女，侠女，女中豪杰，你不管我们，我们就死定啦！
后天考试，我们来不及看，你得给我们辅导一下重点啊！
4

学拉赞助

这次足球赛，你们外联部要帮助体育部多拉一些赞助啊！
……
好的，我们尽力。
抱歉啊，只能帮助这么多！
手机充
谢谢，已经帮助很多了。
……
这个嘛，光靠手机的赞助是不够的，所以拉了几个大客户。
你都找了些什么赞助啊？
……
哈哈，说不定更加拼命呢！
看到这些赞助商的广告宣传语，让人怎么安心踢球啊！
无忧人身保险，祝您后顾无忧！
市骨科医院，您的理想选择！
跌打损伤膏祝各位健儿勇于拼搏！

偷鸡不成
同学你好！我是XX导演，我觉得你很有镜头感，我准备拍一部新电影，来我剧组试试镜，怎么样？
什么事？
真的吗？请问我可以当女主角吗？
当然没问题啦，不过你得单独到酒店来面试，我想看看你形体方面的素质。
……
骗子！

饕餮盛宴

晚上有事，不去了。
晚上聚餐吧，很久没吃到油水了，大家热闹一下啊……
今天没胃口，不吃了。
❶
作为好兄弟，你的事情优先。
好吧，我请客！我拿了奖学金。
我喜欢热闹，胃口不好，也得吃。
❷
以后有事，你随时招呼！
别说哥小气啊，一有钱就请你们吃饭！
好，好哥们儿，一辈子的！
❸
你们今天点的都是贵菜。
312块！我奖学金才200块。
快闪！
❹

搬砖敲门

尧哥，今晚宿舍聚餐，一起啊，我请客！
我就不去了，我今天要准备一下，明天参加思科认证的考试。
怎么整天考证呢？稍微放松一下嘛！
不像你啊，大少爷！我是普通人家的孩子，需要靠自己的拼搏才能获得成功，努力考试吧！
哎，真啰唆！
所以，我需要更多的敲门砖，才能赶上你……
哦！

哥们儿义气

身为哥们儿，每次帮你打饭也就算了！
白菜炒肉啊！
知道，不放醋。
学习不努力，让我帮你辅导功课，我也帮了。
每次给女生献殷勤，拿我当绿叶，我也不计较……
哈哈，我的最近忘记洗了！
但是我们的交情没到穿同一条内裤的地步，赶紧脱下来！

假公济私

追求同乡占尽天时地利人和，放假回家勤快地帮忙拿行李，再加些小手段即可。成功率：80%。

微信时代

微信虽好，请勿沉迷，
尤其是上课、走路的时候。
喂，老师叫你了。
那位对着裤子笑的同学！上课不要玩手机。
不要随意相信、传播、发布
朋友圈的各种谣言。
好吓人啊，这文章说因癌症死亡的人，90%吃过米饭，以后还是少吃米饭的好！
别丢人了，你这样会拉低大学生智商的。
不要对自己的魅力过度自信，觉
得通过微信很容易找到艳遇。
这一顿吃我一个月的生活费啊……
咱们边吃边聊哈！
老板，再来一瓶红酒和一份至尊套餐。
更重要的是，微信红包
不能闷声抢而不发。
还没事叫人给你发红包！
就你抢得最起劲儿，也不见发一个，还用外挂！

课堂签到

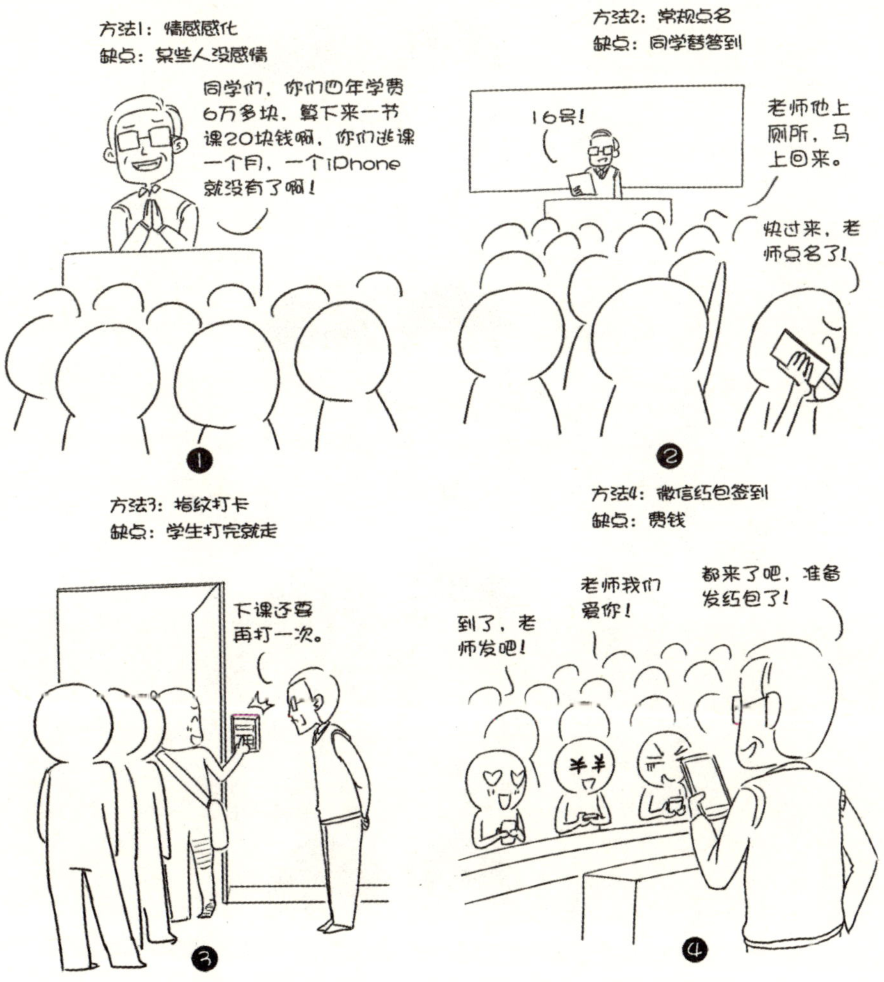
方法1：情感感化
缺点：某些人没感情
同学们，你们四年学费6万多块，算下来一节课20块钱啊，你们逃课一个月，一个iPhone就没有了啊！
方法2：常规点名
缺点：同学替签到
16号！
老师他上厕所，马上回来。
快过来，老师点名了！
方法3：指纹打卡
缺点：学生打完就走
下课还要再打一次。
方法4：微信红包签到
缺点：费钱
到了，老师发吧！
老师我们爱你！
都来了吧，准备发红包了！

人品问题

郁闷的事
我前天去上课，老师没点名，亏了！
……
……
①
……
我昨天没去，就碰上老师点名！
……
②
?
?
我早上去上课，老师没点名，我就走了！
③
你人品有问题！
……
我走后，老师就开始点名了！
④

万能众筹

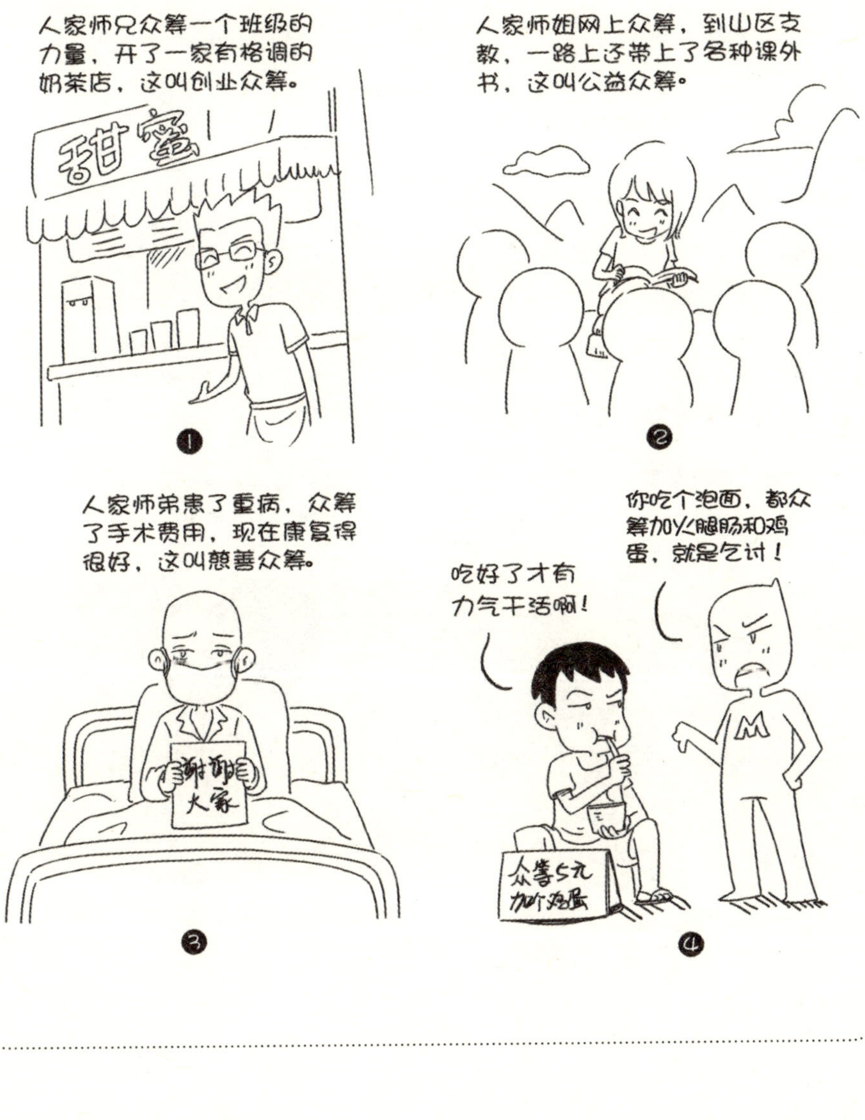
人家师兄众筹一个班级的力量，开了一家有格调的奶茶店，这叫创业众筹。
甜蜜
❶
人家师姐网上众筹，到山区支教，一路上还带上了各种课外书，这叫公益众筹。
❷
人家师弟患了重病，众筹了手术费用，现在康复得很好，这叫慈善众筹。
谢谢大家
❸
你吃个泡面，都众筹加火腿肠和鸡蛋，就是乞讨！
吃好了才有力气干活啊！
众筹5元
加个鸡蛋
❹

良师益友

大一的辅导员像老师
辅导员，我饿出肠胃炎了。
同学，又是你。又翘课去吃饭，给我回去！
大二的辅导员像朋友
不就搭讪一下么，搞这么认真！
你哪个班的？敢欺负我们家姑娘！
辅导员……
大三的辅导员像邻家小妹
……
老师可不能有了男朋友就不管学生了啊！
熊孩子，一边玩去！
哟，老师相亲啊，您的男朋友不错哦！
大四的辅导员哭得像个孩子
我们会经常回学校看您的。
孩子们，毕业以后好好的……
哦，知道了！

家贼也防

你确定那个贼人会来吗？
没错，我观察很久了，这贼人每天关灯后会过来！
来了，揍他！
我打！
砰砰砰砰
啊啊！住手！慢着慢着！
打的就是你！
忍你很久了！
是我啊，别打，自己人！
你这惯犯，老来我们宿舍偷水！
你以为我们每天辛苦打开水容易啊！
不就是来拿点开水嘛！至于吗？

英雄出处

怎么办呢，一点也不喜欢现在的专业，以后也不想做这方面的工作，我看还是转专业吧？
……
1
你见过哪个学校有总统专业吗？工作和专业对口的只有不到20%……
厉害！真是一语中的，点醒梦中人啊！我决定拿来当QQ个性签名！
2

解锁你的大学生活关键词

赢在入学起跑线

❶ 新生研讨课

微信扫码 眼 为你解密

❷ 高效学习法

❸ 大学面面观

听书，一种新的阅读方式

进入大学后，你需要阅读的不止有《大学新生》。

大学四年，有人在默默成长

在大学，仅学习课堂知识是远远不够的，你还需要更加广博的知识来增加自身底蕴，获取核心竞争力，而阅读就是最有效的方式之一。很多同学进入大学后，还在坚持阅读，他们不仅学到各种知识，学会思考，还通过阅读提升自身的能力，从而得到更好的发展。

你有多长时间没有读完一本书了

科技的发展虽然带来各种便捷，但也让短视频等各种互联网内容挤占了我们不少时间。相对于读书，短视频更容易带来视觉刺激，令人“上瘾”。有些人一有时间便自然而然地拿起手机，津津有味地刷起短视频，沉迷其中不可自拔。

听书，利用碎片化的时间，抓住阅读机会

科技发展在给阅读带来干扰的同时也提供了解决方案，那就是听书。听书，不仅解决了阅读时间不足的问题，更帮助很多人走出了不知道看什么书的困境。你可以听到专家大咖的精华解读，抓住碎片化的时间来吸纳新知，无论是课间休息，还是坐车、吃饭、睡前时，都能通过听书提升自我。除了专家的解读，还能通过思维导图了解一本书的结构和要点，让你在有限的碎片化时间里系统性地学习成长。

万苏，一个普通的小镇青年，在听书中改变了人生

万苏是一个普通的小镇青年，在进入大学后他不再是焦点，自信心受到打击。他想通过阅读来提升自己，但是不知道读什么书，也静不下心阅读。后来万苏试着在帆书（原樊登读书）听书，排队、吃饭、坐车，一切碎片化的时间都被利用了起来。几年下来，万苏不仅养成了听书的习惯，也找回了传统阅读的快乐，并坚持阅读了上百本纸质书，成为同学们眼中才华横溢、遇事总能想到办法的人。刚步入大四，他就拿到不少大公司的offer。

听书，渐成趋势

其实，阅读不在于形式，而在于行动。听书适合越来越忙碌的大学生，每天花几分钟听听书，在阅读中沉淀自己。大学四年如果能坚持阅读，相信你在走出校园、进入社会后，一定能有一个不一样的人生！

初入大学校园，我们为你做准备！

告别学生时代，即将走进大学校园的你，是否既怀揣着对新生活的期许，又心怀一丝面向未来挑战的紧张？
其实许多的小事都可以成为你的自我投资。多读一本书，多听一门课，多发展一个爱好，多学一样技能……
把学习融入生活，把专业当做乐趣，收获珍贵的友谊，不断拓展自身的边界。

愿你度过一个开心快乐、精彩纷呈、独一无二的大学生活

樊登讲书:

提升认知，突破局限，告别教科书式的学习模式，在自主阅读中汲取知识的力量，重建自身认知体系，开启积极人生。

推荐好书:

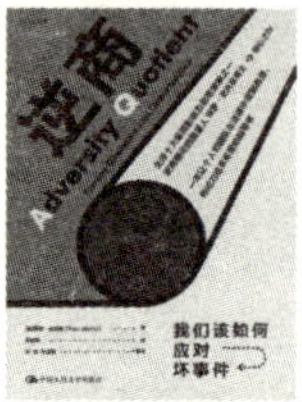

《逆商》

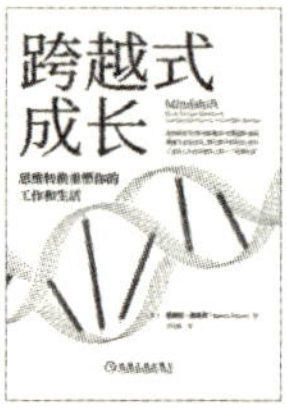

《跨越式成长》

《思辨与立场》

非凡精读馆:

为何我们总是在青春不再才倍感珍惜？我们的价值观决定了我们把时间花在哪里，要学会在有限的时间里获得最大的价值和收获。

推荐好书:

《净化你的时间》

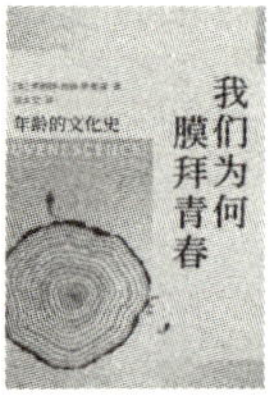

《我们为何膜拜青春》

《自控力》

李蕾讲经典:

在这个世界上每个人都是独一无二的自己，尊重自己和他人，正确的面对生活中的惊喜和困难，是我们一生的课题。

推荐好书:

《小王子》

《蛤蟆先生去看心理医生》

《千与千寻》

扫码添加“帆书APP-金书童”
领取惊喜权益

帆书·原樊登读书